当了妈妈后，
重新学说话

[韩] 金恩熙 著　　蔡毅远 译

北京日报出版社

第一次当妈妈，
有必要修炼妈妈的说话之道

和各位一样，我也是一位正在养育孩子的妈妈。我家孩子今年 18 岁，上高中二年级了。我有时会感到很惊讶，不知不觉间，孩子竟然长这么大了。随着孩子一岁岁长大，妈妈扮演的角色也在不停地发生转变，因为孩子总是在变化，比如 5 岁的孩子与 10 岁的孩子就大不相同。在我第一次当妈妈的时候，我常常非常好奇孩子的想法，也常常苦恼于应该如何与孩子沟通。当然，直到现在我依然时常好奇孩子们的想法。

如果想要扮演好某个角色，就需要多看、多听并且积极学习现有的好榜样。学习"榜样"意味着去模仿另一个人的想法、态度、行为等。但是大多数时候，我们并没有很多值得学习的好榜样。在我们长大成人、成为妈妈之前，我们也曾是孩子。而养育我们的父母也没有经验，虽然他们努力培养我们，却并不知道培养孩子的正确方法。再加上在过去那个年代，生活并不宽裕，生活境况更不比现在，因此我们的父母可能并不清楚家庭教育的重要性，也不了解孩子的心理和发育规律，更不知道如何正确培养孩子。那么，没有值得学习的好榜样，第一次当妈妈必然是困难重重的。

任何父母都不可能是完美的。完美也未必一定是好事。在生活中不断弥补不完美，常常能使人获得喜悦和成就感。但是，要知道，如果对不完美的缺憾放任不管，那么未来将无法收获好结果。更重要的是，妈妈是世界上最爱孩子的人，所以我相信妈妈们一定能够克服种种不完美。

第一次当妈妈，

我是世界上最爱孩子的人。

我既然被叫作妈妈，

那我必须要做到：

努力克服不完美，

努力之后喜悦和幸福一定会随之而来。

还记得孩子是如何学会说话的吗？孩子要想熟练掌握一个词，必须反复听这个词数百遍，并在各种情况下练习使用。

孩子要想从父母的庇护中独立，成长为独当一面的成年人，至少需要 20 年的成长时间。而通过在大学里学习，成为一个真正的社会人，至少还需要 2 ～ 4 年的时间。

根据我 20 年来对儿童发育的学习研究以及助力孩子和父母成长的工作经验，如果妈妈不学习，那么几乎是不可能将孩子培养好的。坚持学习并不断反思的妈妈们，方能知道如何正确地爱孩子，并把孩子抚养成才。

学习妈妈的说话之道，成为优秀的妈妈

精通妈妈的说话之道，是可以通过努力实现的。通过不断练习，你就会发现自己的说话水平有明显提升。你也可以参与一些父母情感培训、父母角色培训等课程，这些课程也有同样的效果。课程的名字虽然不同，但内容大都

围绕着父母与孩子之间的沟通。可见，学习妈妈的说话之道非常重要，而且通过练习就可以得到提升。

我写这本书的目的，是希望能够帮到那些希望与孩子好好沟通，却不知道沟通方法的妈妈们。这本书将以多种理论为基础，并列举大量具体的事例、方法及技巧，方便妈妈们在实际生活中应用。

我曾与无数妈妈进行对话，发现妈妈们在世界上最爱的人不是自己，而是自己的孩子。我希望妈妈们学会说话之道，避免给自己最疼爱的孩子造成伤害，让孩子从学校回到家后能感到温暖和幸福。

在此，首先请各位妈妈们反思一下：自己是否曾在无意间说过惹孩子生气的话、是否伤害过孩子、母子关系是否产生过裂痕等。如果孩子曾说过让妈妈出乎意料的话，这时妈妈需要反思一下孩子的心理状态。只有了解孩子的内心世界，妈妈才可以在遇到问题时做出更好的选择，采取更加明智的处理方式。

相比努力送孩子去上昂贵补习班的妈妈，努力了解孩子的内心世界的妈妈更加优秀；相比给孩子买昂贵的玩具，避免伤害孩子更加有价值。每个妈妈都希望自己可以自豪地说："我是一个合格的妈妈。"我相信所有读过这本书的妈妈们都将成为一位合格的好妈妈。

　　你可以在后文的例子中看到，有些妈妈没有做到理解孩子的内心，希望各位妈妈可以通过这些例子反思自己，理解孩子的内心世界；而在另外一些例子中，妈妈则能够与孩子心灵相通。希望妈妈们在正确话术下标注下画线，或记在记事本上，然后放在显眼的地方，每天出声朗读几遍这些话术，以后就会不自觉地说出来，这有助于塑造孩子健全的心灵。希望妈妈们用这些温暖孩子心灵的话语，塑造孩子健全而美丽的心灵。希望这些话术能让每位孩子、每位妈妈甚至我们的社会都充满幸福！

金恩熙

2020 年 11 月

目录

第二章

如何培养孩子的自尊

第三章

培养孩子做情绪的主人

第四章

培养孩子的社会属性

第五章

引导孩子学会化解矛盾

第一章

学会与孩子沟通
才能心灵相通

妈妈是孩子生命中
最重要的人

孩子为什么
容易被妈妈的话伤害？ ——————

还记得小时候妈妈说过的话吗？当夜深时，妈妈自言自语地说"哎哟，要死了"时，你是不是害怕妈妈真的会死去而感到内心不安？如果连妈妈的自言自语都能打破孩子内心的平静，那么妈妈对孩子说过的话，又会对孩子造成怎样的影响？妈妈暖心的安慰会在孩子疲惫时给予孩子莫大的勇气和慰藉，而尖锐刻薄的责骂则会在孩子的心灵一隅留下伤口。

我至今记得，小时候爸爸对我说："你真是我们家的累赘。"记忆浩如烟海，我却对当时的情况和爸爸的表情仍记忆犹新。这句话也让我和爸爸之间产生了距离感。相反，妈妈却总是对我说："我女儿什么都好，妈妈相信你。"每当遇到困难时，妈妈的话都会鼓舞我像不倒翁一样重新振作，笑对人生。

没有妈妈想要故意伤害自己的孩子。但是，妈妈话语中不经意间夹带着的尖锐语气，可能成为刀片，在孩子的心灵一隅留下创伤。妈妈和孩子是日常生活中的同伴，是相互深爱着、信赖着和期许着的家人。因此，无论妈妈说的是良药般的蜜语，还是毒药般的恶语，作为孩子都会听进心里。如果一句话会对孩子造成伤害，那么即使是捂住耳朵，这句话也会显得刺耳。即使妈妈在说出话的下一秒就后悔了，伤害也已经造成了。

今天早晨孩子磨磨蹭蹭不想去上学时，你是否说过伤人的话？昨天傍晚孩子没有如约完成功课，或是深夜孩子不去睡觉时，你是不是会脱口而出诸如"你真的让我没法活了"这样的话呢？或许孩子会错误理解你的意图，认为"妈妈正在因为我而遭遇不幸啊"。就像小时候我偶然听到妈妈的自言自语时，就会在深夜里偷偷地掉眼泪。

孩子为什么会被妈妈的话所伤呢？也许你觉得，心灵受到了伤害，把它丢进记忆的仓库，忘记就好了。但是反过来想，为什么妈妈说过的一句平淡无奇的话，甚至是妈妈已经忘记的话，却可以不断地给孩子带来勇气和慰藉呢？

假设在相同的情况下，你听到朋友和妈妈对你说"你真是太糟糕了"，对朋友你可能会认为"他不太了解我才会这样说"或者是"我们俩可能性格不合"。但是，妈妈是最了解你的人之一，也是你确信最爱自己的人之一。从"对象关系论[1]"来讲，妈妈是一个重要的"他人"。

妈妈曾说过的话，可能会成为照亮孩子生命的光芒

幼儿期是孩子开始与他人建立关系的时期，孩子在这时候接触的人将对他的人生产生重大影响。而妈妈作为孩子重要的"他人"之一，说过的每一句话都有可能对孩子发挥绝对的影响力。

---

1 对象关系论：20世纪50年代英国精神分析学家克莱因关于儿童自我结构化过程的理论，强调早期心理结构，即自己、他人或对象的内在表象在后来的人际情境中的表现和意义。

请试着回想一下小时候妈妈对你说过的最温暖的话：

"宝贝，最近心情怎么样？有没有遇到什么困难？"
"乖女儿，妈妈会一直站在你这边。"

当有人问"你幸福吗"时，如果你的回答是"我当然幸福"，那说明小时候妈妈一定对你说过很多暖心的话，这些话是你心灵的食粮。当被问及幸福的理由时，你也会自豪地回答"妈妈多么疼我爱我"。可见，妈妈的话会成为照亮孩子漫长生命的光芒，让孩子成为幸福的人。这些温暖的话，也请传递给你的孩子吧！

妈妈最疼爱自己的孩子，总希望为孩子做得更多，想要满足孩子的一切愿望，让孩子无须羡慕他人。但不要忘记，世上还有比满足孩子一切需求更重要的事情，那就是注意不要用尖锐刻薄的话伤害孩子的心灵，因为这些话比刀刃更加锋利。一座精心建造的房屋可能因为一处小小的裂痕而垮塌，妈妈要注意孩子的心灵是否有这样的裂痕。相比给予孩子一切，妈妈首先要保证在培养孩子的过程中，没有在孩子的心中造成裂痕。

妈妈是孩子的
人生准则

为什么孩子
认为妈妈是完美的？

　　每个人都有自己的人生准则，它决定人的价值观、想法和行动。例如，基督徒以上帝的话为人生准则，佛教徒则将佛祖的话作为人生准则。没有宗教信仰的人也一样，因为至少每个人都会遵循其所属社会的法律和秩序。

　　那么孩子的人生准则是什么呢？其实孩子的最高人生准则就是妈妈的语言和行为。妈妈的语言和行为构成了孩子思维的框架，同样塑造了孩子心灵的形状：圆形、三角形或者心形。妈妈为孩子塑造不同的心灵形状，孩子也就拥有了不同的人生准则。对孩子来说，妈妈比法律或《圣经》更重要。妈妈就像一个指南针，在孩子做人生选择时，总是能为孩子指明方向。

　　将他人当作自己的人生准则，这是建立在完全信任的基础上的。而孩子对妈妈的信任是本能的，也是无条件的。让我们来看一些生活中孩子所说的话。

　　柳斌：我妈妈做饭很好吃。

　　胜宇：我妈妈每天给我买礼物。

　　俊瑞：我妈妈说给我买活的恐龙。

　　世姬：我妈妈说她只爱我。

　　观察儿童的行为可以发现，不满 6 周岁的学前儿童对妈妈的完全信任尤为明显。例如，学前儿童即使知道"红灯停"的规则，依然会跟随妈妈闯红灯；而对欺负自己的朋友，他们则会说"我要告诉我妈妈！我妈妈力气特别大"。对孩子来说，妈妈是优先于法律的行动准则，是可以解决一切问题的百事通。这正是出于孩子对妈妈的完全信任。

　　其实每个妈妈的力气都不够大，也没有妈妈能真的买到活恐龙。但是由于孩子对妈妈完全信任，孩子心中产生了妈妈无所不能的错觉。为什么会这样呢？这是因为孩子们知道自己是弱者，而弱者需要可以依靠的对象。因此他们相信妈妈是完美的，这样的信念塑造了假想中的完美妈妈。很多心理上缺乏安全感或自立意识薄弱的孩子长大后会成为"啃老族"，也是同样的道理。因为他们想要依靠别人，所以无论父母的境况或能力如何，他们都将父母假想为完美的存在。

妈妈是孩子在世上最想信任的人

下面我通过一些案例说明孩子对妈妈的完全信任，这值得我们深入思考。

禹成是一名小学二年级的学生，每周要接受游戏治疗。有一天，禹成迟到了，他气呼呼地和妈妈一起走进了咨询室。

咨询师：生气了？

禹成：（没有说话，敲打墙壁表示愤怒）

妈妈：（走近咨询师小声说）我们在来的路上出了交通事故。

禹成：（流着眼泪）妈妈你为什么这样！都是你的错！

这个情况看似难以理解，但从孩子的角度来看，是完全可以说得通的，这是因为孩子意识到现实中妈妈并非那样完美。妈妈本是自己完全信任并希望一直依靠的人，但孩子突然发现妈妈原来像自己一样会软弱，会失误，还会犯错误。这时孩子对妈妈的信任受到冲击，他意识到再也没有可以依靠的人了。这样，孩子内心不安也就不难理解了。越是心中缺乏安全感或是越年幼的儿童，当他们心中无条件的信任受到冲击时，就越会产生更大的失望。因为孩子越是缺乏安全感，就越容易歪曲和神圣化他们试图依靠的人。而当他们意识到妈妈的脆弱时，那种信任就会转化为更大的挫折和不安。

　　再举一个例子，和同龄人不太合得来或是情绪不够稳定的孩子总是会说"我最喜欢妈妈"，动不动就过分地表达对妈妈的爱意。但如果他们某一刻对妈妈失望了，他们又会过分地说"妈妈是这个世界上最讨厌的人"，与平时的表现完全相反。即使只是发生了些小事情，他们也会感到非常愤怒。一个孩子对妈妈表现出两种截然相反的态度，也是基于上述原因。

不要在孩子面前贬低自己

最近看到有些年轻的妈妈们为了尊重孩子而放低自己的姿态。比如玩游戏时，妈妈会说："妈妈不太清楚怎么玩，你教教我吧。""这个妈妈做得不好，你来做吧。"再比如，很多妈妈是上班族，白天努力工作，晚上疲惫地回到家后，常常会对孩子说："妈妈对不起你。"其实，如果妈妈没有遵守约定或做错了事的话，向孩子道歉是理所当然的。但是妈妈是上班族，只不过是认真完成工作后再回家而已。作为妈妈，已经竭尽全力照顾孩子了，所以完全没有必要感到抱歉。同样，孩子也不希望看到一个软弱的、总是道歉的妈妈。

你是不是也常常习惯性地每天对孩子说很多次"对不起"？如果是这样，孩子就可能会产生不安，认为妈妈软弱从而无法建立信任。如果妈妈生活粗心，就会给孩子的心灵带来创伤，给孩子树立错误的榜样等，这些才是妈妈真正需要感到抱歉的地方。妈妈没有必要通过贬低自我来表达对孩子的尊重。妈妈是孩子心中的准则，只需要在每一刻尽力展现幸福生活的样子就可以了。这样，孩子就会自然而然地信任并依靠妈妈，以妈妈的美丽心灵为准则，健康地成长。

妈妈解忧所

问答

Q. 孩子有时会误以为妈妈什么事都会为自己做好，是否需要尽快纠正孩子这样的想法？如果孩子以后一直依赖妈妈该怎么办？

A. 在孩子自然成长的过程中会出现一些不正确的想法，没有必要对其刻意纠正。比如孩子常常认为"万物有灵"（例如幼儿会相信桌子、云等事物有生命），而妈妈不会纠正这种认识。与此相似，幼儿对妈妈的完全信任和神圣化也可以暂且放任不管。当孩子从幼儿期过渡到儿童期、青少年期、成人期时，他们会自然而然地明白妈妈并不是完美的，妈妈也是第一次当妈妈，妈妈是自己要保护的人。

Q. 如果孩子完全信任妈妈，那为什么还是不听妈妈的话呢？

A. 虽然对孩子来说，妈妈是最重要的人之一，但很多妈妈困惑于为什么孩子不听自己的话。这就需要反思一下孩子与妈妈的依恋关系是否稳定了。如果依恋关系不稳定，孩子就好像是戴着墨镜看世界。戴上墨镜，即使是美味的红苹果，在孩子眼中也会变成灰色的。而当孩子摘掉墨镜之后，就会明白妈妈的话对自己大有裨益，并对妈妈心存感激。

Q. **为了让孩子信任并跟随妈妈，妈妈可以独断专行吗？**

A. 孩子想要信任和依靠的人并不是强人或独断专行的人，而是宽容、给自己尝试机会，并且可以从对方那里感受到温暖爱意的人。

Q. **妈妈是不是绝对不可以犯错误，一定要成为完美的人？**

A. 并非如此。如果妈妈平时就开朗、活泼、积极向上，对每件事情都表现出诚实、正直的态度，那么孩子就不会因为妈妈偶尔身体不适卧床休养或者偶尔出现失误而认为妈妈是软弱的、无法信任的。相反，这时看到与平时状态不同的妈妈，孩子会表现得更加稳重，会为保护妈妈而努力。如果平时孩子与妈妈形成了稳定的依恋关系，那么越是在危机中越会发挥更大的积极作用。

妈妈的说话方式
决定了孩子的说话方式

为什么亲子关系中
沟通很重要？

　　谈养育孩子绕不开"依恋"这个词。各位妈妈或许都曾听说过，"依恋关系"十分重要。依恋关系代表着初期亲子关系的质量，而亲子关系的质量则决定着孩子心灵的质量。建立稳定的依恋关系需要妈妈保持情绪敏感、为孩子提供温暖的支持、采取民主的养育态度、注重培养孩子的气质和理解能力等。但是，正如沟通在任何关系中都扮演着重要角色一样，在亲子关系中也不例外，沟通是最重要的因素。

在孩子的成长过程中，亲子间的沟通是把双刃剑，既可以让孩子变得坚强，也能让孩子在困境中迅速崩溃。

你是否有过这样的疑问：0～2岁的幼童连话都不会说，如何进行沟通呢？实际上人类无法独自生存，就连婴儿也天生就有寻求、建立关系的本能。幼童虽然不会说话，却在尝试通过哭闹来沟通并建立关系。对孩子沟通的本能需求，妈妈的处理方式决定了亲子关系的质量和依恋关系的形成。让我们来看一个案例吧！

周末，一个19个月大的孩子和妈妈、外婆正准备外出。妈妈平时忙于工作没空抱孩子，这时就想抱一抱孩子。可谁知孩子被妈妈抱起来之后，竟然哭闹起来，并向外婆伸出手臂，妈妈无奈只得将孩子交给了外婆。

妈妈：看啊，这孩子讨厌我抱他，那就去外婆怀里吧！

沟通是相互的，即一方表达想法，另一方做出回应。上述案例中，孩子表现出了陌生感，而妈妈对此做出了负面回应，这将会对未来亲子关系的发展产生负面影响。我们再来看一个不同的回应：

妈妈：看来宝贝女儿更喜欢外婆抱呀，但是妈妈也想抱抱宝贝女儿，让妈妈抱一下好不好？

　　对孩子而言，这位妈妈了解孩子的内心，可以与孩子共情，努力与孩子变得更加亲近。即使孩子当下表示拒绝，也会对这位温柔的妈妈产生稳定的依恋情感。之后如果受到他人伤害或遭遇困境，孩子就会想起妈妈拥抱自己时所说的话，并从中汲取力量。

　　每天独自和不会说话的孩子相处，妈妈难免会不时感到疲惫和厌倦。虽然这样的日常生活看似无聊乏味，但是实际上，妈妈对孩子做出回应是世界上最有价值的事情。

　　下面这个案例，我想很多妈妈都在日常生活中遇到过。4个月大的秀敏正在努力学习翻身。

　　妈妈：再用力一点，再用力一点。哎呀，真棒，加油！
　　　　（微笑）
　　秀敏：（看了一会儿妈妈，然后突然抬起头再次尝试翻身）
　　妈妈：（秀敏成功翻身）真棒，真棒！呀，闺女长大了！

　　妈妈将秀敏抱起来，亲吻她的脸颊。这是孩子自出生以来，第一次使出浑身的劲成功做到翻身，这时候每一位妈妈都会鼓励孩子说"真棒"或者是温柔地问孩子"饿不饿？吃点东西吧！"

看似稀松平常的回应却可以提升孩子心灵的质量、实现共情、建立信任，为形成稳定的依恋关系打好基础。妈妈能快速并正确地理解孩子的意图和需求，并积极地予以回应，这对未来孩子的自我概念及自尊心的形成有很大的帮助。

相反，如果孩子起床后发出睡醒的信号，却没有得到妈妈的任何回应，这时孩子会怎么想呢？当孩子哭闹着寻求妈妈的味道和怀抱时，却听到妈妈大吼一句"别哭了"，那孩子又会怎么想呢？或许，孩子会对世界产生极为负面的看法，会觉得自己一无是处、不受欢迎。

孩子会学习妈妈的沟通模式

孩子在 3 岁以后逐渐开始学习说话，这段时间孩子的语言能力将出现爆发式的提高，而亲子之间的沟通也变得更加细致、更加重要。与妈妈进行丰富而顺畅的沟通，可以使孩子体验不同的语言与沟通模式，这对孩子的语言及认知的发展有很大帮助。

与妈妈沟通顺畅意味着孩子喜欢听妈妈的话，也意味着孩子能很好地倾听他人说话，这有利于孩子日后进入社会的发展。最重要的是，妈妈的沟通模式将直接决定孩子与同龄朋友的沟通模式。

泰俊妈妈的沟通模式是命令式的，语气常常十分生硬；瑞妍妈妈的沟通模式却是循循善诱的，言语间感情充沛。下面是 6 岁的泰俊和瑞妍在幼儿园自由玩耍时的场景。瑞妍正在拼积木，泰俊走上前来突然将她的积木块拿到自己面前。

> 瑞妍：泰俊，我正在拼积木呢，我们应该一起来拼。
>
> 泰俊：我也要拼！积木放在你面前我感觉不舒服。
>
> 瑞妍：好吧，那我去那边玩好了。

平时，泰俊妈妈倾向于站在自己的立场上考虑，不够顾及他人的情绪，沟通方式具有强制性。因此，在幼儿园泰俊也将自己的需求凌驾于其他小朋友的情绪之上，采取了命令式的沟通模式。相反，瑞妍妈妈则擅长与孩子共情，并能够合理地进行妥协，因此瑞妍也相应采取了妥协和共情的沟通模式。

如果你发现孩子在亲子关系或与同龄朋友的相处中遇到困难，就一定要好好反思一下亲子间的沟通模式和沟通质量。改善亲子间的沟通，就可以解决孩子相当多的问题。
让我们再来看一个案例。

秀赫今年7岁了，经常与小朋友发生矛盾。秀赫妈妈
很久没有和秀赫一起玩游戏了。这一天，秀赫妈妈打算陪
秀赫一起玩。

> **秀赫**：妈妈，快点陪我玩！看，警车。
>
> **妈妈**：那个不是小孩玩的吗？（漠不关心地看别的地方）
>
> **秀赫**：连车门都能打开，哇，你看！
>
> **妈妈**：（打着哈欠看了一会儿）啊，是呀。（不久又去
> 了别的地方）
>
> **秀赫**：妈妈！为什么不和我玩！

这段简短的对话值得我们深思。秀赫妈妈不尊重秀赫
选择的玩具，甚至还嘲笑了她。而秀赫妈妈打哈欠、去别
处的行为，似乎也在说"与秀赫玩游戏真是无聊透顶"。实
际上游戏往往是由孩子主导的，孩子最容易从中获得尊重。
但是案例中，秀赫在游戏中没有得到自己应得的尊重。

那么，没有得到妈妈尊重的秀赫与小朋友玩时是什么
样子呢？他能与小朋友们共情，友好地相处吗？下面的对
话发生在幼儿园的自由游戏时间里，秀赫正在与小朋友玩

游戏，而贤真正在和其他小朋友画画。

秀赫： 贤真，跟我一起玩吧。

贤真： 我还没画完呢，画完这个再玩吧。

秀赫： （等不及贤真画完画）喂，跟我玩吧。你怎么不跟我玩呀？（把贤真的画弄皱）

贤真： 啊，你怎么把我的画弄皱了？（流泪）

从妈妈那里获得尊重的孩子也会懂得尊重他人。孩子越是和妈妈一起分享、一起合作、一起共情、一起玩耍，就越能与同龄朋友友好相处。如果你的孩子难以融入同龄人，常常与小朋友发生矛盾的话，不妨反思一下平时自己与孩子沟通的方式，多加练习对孩子的说话之道。

孩子会模仿妈妈的行为
和处事态度

妈妈怎样的行为和说教
能让孩子信服？

　　妈妈希望教给孩子很多正确的东西，方法主要是说教，说一遍不听的话就说两遍，说两遍不听的话就说三遍……，即使说一百遍也没关系，直到孩子听进去为止。但是孩子是否会百分之百相信妈妈的说教呢？妈妈说十遍孩子不听，那么说一百遍孩子就会听了吗？如果妈妈缺少一样东西，那么即使说千遍，也不会产生效果。那就是妈妈以身作则的处事态度和非语言的沟通。

　　孩子在成长中会自然地学习父母平时展现的真实模样，

而并非父母刻意表现出的姿态。相较于父母刻意的说教，日常生活中父母的处事态度更容易成为孩子学习的榜样。所以，让我们好好反思一下平时生活中是否犯过这样的错误吧。

妈妈训斥哥哥不许打弟弟，对哥哥说："妈妈不是说过了不许打弟弟吗？"边说边敲打哥哥的脑门。那么哥哥会信服妈妈的训斥吗？会对妈妈的行为心服口服吗？

为了给孩子勇气，妈妈嘴上常说"妈妈相信你"，但当看到孩子无力垂下的肩膀时，又不免转过身长叹一口气。孩子看到妈妈重复着同样的话、无奈叹气的背影，心情会怎么样呢？孩子当然完全不会相信妈妈的话。平时孩子会留心观察妈妈的行为和态度，不知不觉间就模仿起来了。

比如，如果妈妈教育孩子要和小朋友们友好相处，但夫妻之间常常吵架，那么孩子和小朋友发生冲突时，也会用吵架来解决矛盾；再比如，妈妈经常说"看手机对眼睛不好，常看电视会变成傻瓜"，而每当妈妈无聊时就会看手机和电视，那么孩子心中又会做何感想呢？

真挚地关心他人，展示正确的处事态度

对孩子展开说教之前，首先妈妈应该想一想孩子看到的自己是怎样的，是光说不做，还是以身作则，孩子们其实对此心如明镜。有时孩子会出现表里不一的情况，有的孩子是出于真心帮助别人，而有的孩子则只是为了德育分数或是得到表扬而做善事。

表里不一和诚实的差异来自内心深处的感知。内心深处的感知并非是通过听妈妈的说教学习得到的，而是通过亲眼所见和身体力行获得的，因此妈妈的处事态度非常重要。妈妈需要真挚地关心他人，与他人分享、合作，向孩子展示出与他人建立关系的正确行为。这样的话，即使不说教，孩子也会很自然地学习妈妈的正确行为。

孩子控制情绪的能力
还有所不足

如何与不听话的孩子沟通？

　　为了使孩子正直且心灵纯洁，妈妈不能只说漂亮话或顺耳的话。对做错事的孩子，要批评，而不能一味地肯定孩子。

　　虽然妈妈说话的内容也十分重要，但是在这里我们主要介绍一下具体的沟通模式。无论什么内容，只要使用恰当的沟通模式，就能使对方感到被尊重。我们可以将沟通模式划分为不同的类型，很多咨询师也常常以此为依据界定成功的沟通与失败的沟通。通过观察沟通模式，我们就可以了解亲子间的依恋关系以及父母的抚养态度。

例如，孩子想继续留在游乐园玩耍，而妈妈催促孩子回家，双方产生了矛盾。在这一情景下，妈妈有四种沟通模式：

* **强制命令型**

  忽视孩子的感受，自说自话。

  "不行，我们该走了，已经玩很久了，这里快要关门了。"
  "该回家吃饭了，吃完还要洗澡睡觉。快走，不走的话妈妈自己走了。"

* **转移型**

  将孩子的注意力转移至其他地方以回避现实矛盾。

  "玩了很久了，我们走吧，这样妈妈给你买XXX！"

* **放任型**

  被孩子左右，妈妈说的话丧失影响力。

  "好吧，继续玩吧。"（让他玩到临近营业时间结束再去找店员帮忙）"现在可以走了吧？游乐园要关门了。"

* **循循善诱型**

与孩子共情但限制孩子的行为。

"看来你很喜欢玩沙子呀。但是现在我们该走了，妈妈再等你多久呢？（孩子提议时间，说再玩 100 个小时！）妈妈等不了那么久，妈妈要回家做晚饭了，那就等到指针走到这里好不好，妈妈等着你。（妈妈和孩子一起确定时间）你收个尾，再玩 5 分钟，然后我们回家。（在孩子玩的同时收拾物品，准备回家）"

请使用"循循善诱型"的沟通模式

通常幼儿期儿童的自制力尚未发育完全，因此在日常生活中会经常发生矛盾。比如一去超市孩子就闹着要买玩具；再比如孩子拒绝上幼儿园，每天早晨都要耍赖；还有的孩子咬住食物不咀嚼，或是拒绝吃饭而大吵大闹。这些事情时常发生，让人感觉与孩子共同生活就像打仗一样。

面对这些每日重复数十次的矛盾，妈妈采用强制命令型的沟通会有怎样的结果？孩子或许会认为妈妈和自己一样，都是无理取闹的人。看到比自己更强大的妈妈在家中可以为所欲为，那孩子在与同龄人的相处中，也会希望自己扮演强有力的角色或是突出自己的力量。除此之外，孩子还会依照妈妈的沟通模式自说自话，时常忽略对方的情感。

转移型的沟通模式如何呢？转移型是指回避矛盾，拒绝从根本入手寻求合理的解决方法，而将注意力转移至其他方面的沟通模式。这种模式确实在一定程度上可以避免矛盾。

举个例子吧。孩子不想和妈妈分开，大哭大闹不让妈妈去上班。有些妈妈不愿看到孩子哭泣，就让孩子去看电视，然后自己再偷偷离开。但是，妈妈应该锻炼孩子对自己情绪的控制力。平时进行控制小情绪的训练，日后孩子才能拥有控制更大情绪的力量。转移型的沟通模式剥夺了孩子尝试调节情绪的机会，孩子日后也难以掌握控制情绪的能力。虽然这样做暂时避免了矛盾，但是孩子的蛮不讲理会越来越严重。

再来看看放任型的沟通模式，在发生矛盾时满足孩子的所有要求，这是最不可取的沟通模式。

最后，循循善诱型的沟通模式如何呢？采用这种沟通模式的妈妈可以细致地体察孩子的内心，虽然孩子在游乐园已经玩很久了，但从孩子的角度看他还没有玩够。这时循循善诱的妈妈充分理解孩子的心情，并与孩子产生了共情，同时明确地说明了当下情况和妈妈的想法。之后妈妈再与孩子一同制定合理的妥协方案，限制孩子的行为。

常常接受循循善诱型沟通的孩子长大后往往更懂得调节和控制情绪。他们不仅情绪稳定，而且也可以更好地处理与小朋友们的关系，因此他们在同龄人当中也常常受到欢迎。

理解孩子的情绪有利于培养孩子的共情能力

强制命令型的沟通模式自说自话，就像一个容量很小的容器，即使想盛入更多东西，也总是会溢出；转移型的沟通模式回避核心问题，正如一个漏底的容器，虽努力盛入，却最终一无所获；而毫无原则的放任型的沟通模式，看似对孩子百般呵护，但就如一个脆弱的玻璃容器，稍微受到冲击就会破碎。

你是否在育儿图书中看到过这样一句话"对孩子要使用正面词汇，不要使用负面词汇"？比如，不要说"不要跑"而应该说"慢慢走"。但是，很多妈妈误解了这句话，认为任何情况下都不能对孩子使用负面词汇。实际上，对缺乏自控力的孩子来说，妈妈必须勇敢地说出"不可以""不要做"。很多关于孩子问题行为的研究显示，放任型的沟通模式会使孩子具有更高的攻击性，缺乏调节和控制情绪的能力。

哪种沟通模式更有效已经不言而喻了，在循循善诱型沟通模式下成长的孩子可以获得更多的忠告与智慧，即使与他人发生矛盾，也不会一味地固执己见，而是理解他人并寻求合理的解决方案。妈妈的沟通模式决定了孩子的心胸与沟通水平。因此，请各位妈妈务必认真反思自己的沟通模式。

妈妈的话可以成为孩子的
"幸福激素"

孩子消极地看待世界
怎么办？

　　早晨送孩子上幼儿园或上学，午后放学接孩子回家，傍晚准备晚饭，用完晚饭后洗漱，夜里同孩子一起入睡……如果用一种颜色来形容你和孩子共度的一天，你会选择什么颜色呢？

　　人在每个瞬间的感受都不尽相同，人的情绪每天可以转变数十次甚至上百次。即使处于相同的地点、相同的时间，不同人的心情肯定也不相同。喜欢上学的孩子总会迫不及待地想和小朋友们一起玩耍，因而总是充满激动地迎接清晨；没完成作业的孩子则会害怕受到训斥，因而他们总在清晨感到恐惧和担心。同样是在幼儿园里度过一天，受欢迎的孩子会感到喜悦、投入、有成就感，而怀疑自己不受欢迎的孩子则会心怀紧张、恐惧、孤独、无聊、担忧、不满……

怀着怎样的心情度过一天对孩子的成长至关重要。大脑中有一种叫作"幸福激素"的物质，当这种物质被大量分泌时，即使心情不好、承受较大压力，人也能轻松抑制冲动，避免情绪失控。这种物质可以帮助人控制行为与表情，也有助于在他人面前留下良好的印象。最近一些研究结果表明，"幸福激素"可以帮助人快速识别他人的表情和行为，对构建良好的人际关系具有重要作用。

当孩子的一天充满快乐、喜悦、满足、心动、舒适、幸福等正面情绪时，孩子也会分泌更多的"幸福激素"。积极向上的生活态度对身体发育也有帮助。这些孩子能够更加积极地接受他人的观点，这有利于培养他们的认知能力、语言能力、社会属性和积极情绪。

如果孩子的一天中充满烦恼、不满、恐惧、陌生、烦躁、愤怒、羞愧等负面情绪会怎么样呢？那么孩子将会消极地看待世界，遇到困难畏缩不前。怀着这样消极的态度生活，孩子对外部刺激的接受能力就会不断下降，各方面的发育也会相对迟缓。

关注孩子每一天的心情

即使孩子接受同样的教育，如果每天的心情不同，结果也将大不相同。假设幸福的孩子、时常微笑的孩子每天的成长值为100，那么不爱笑的孩子、内心不安的孩子每天的成长值恐怕就只有10了。

但这并不意味着必须保证孩子每时每刻都心情愉悦，任何人都无法做到让孩子时时刻刻都保持幸福，但是妈妈可以维持孩子积极情绪与消极情绪的优势比例。

请试着回想一下，你的孩子在一天中积极情绪和消极情绪的比例是多少？是五比五？还是一比九？或者是九比一？

然后请留心观察孩子的表情，看看你的想法是否正确。

希望世界上所有孩子在一天中有90%以上的时间都是幸福、快乐、满足、激动或是自豪的；希望孩子们可以从长辈那里得到称赞和鼓励，而不是责备；希望孩子们能与同龄人在轻松的氛围中尽情欢笑，而不是一味竞争；希望每个孩子都可以被关注、被爱；最重要的是，希望每个孩子都可以从妈妈那里获得勇气、鼓励和信任。

关于爱和感恩、认可和共情、真诚和幸福的语言可以净化孩子的心灵。妈妈们要留心观察孩子们表情，这样她们的语言往往就可以使孩子们的心灵变得更加纯洁、干净。

之后，妈妈的话语还会给孩子的心灵染上不同的颜色。温柔的妈妈会把孩子的心染上粉红色，会哄人开心的妈妈会把孩子的心灵染上大海般的深蓝色。希望所有孩子的心灵都被染上各种美丽的颜色，这也会让我们的社会变得更加干净、明亮和幸福。

孩子的话中蕴含着
对妈妈的期待

如何读懂孩子的想法？

　　回想一下谈恋爱时，你对另一半的要求是什么？很多人都希望能和另一半"聊得来"，因为聊得来的两个人一般是心灵相通的。比如，你生气时说"算了，停车！我自己回去"，你下了车之后，如果对方真的就将车开走了，那这段恋爱可能就要结束了；再比如，当你心情不好时说"以后不要再打电话了"，如果对方真的不再打电话给你，那么两个人也难以走到最后。

　　相反，如果一个人虽然外表朴素，但在你伤心难过时，他能够真心理解你、安慰你；在你犹豫不决时，他小心翼翼地给你建议，避免伤害到你，你觉得这样的人怎么样呢？大家想必都会觉得"想继续交往""我会和这个人很聊得来吧"。相信很多女孩最后都会选择和这样一位"聊得来"的人结婚。其实"聊得来"不仅仅是选择人生伴侣的重要标准，沟通时体谅对方、不伤害对方感情在任何关系中都扮演着极为重要的角色。

沟通不仅在留下第一印象或是建立一段关系时非常重要，在建立关系之后，依然需要沟通来保证关系的质量，这样才能使这段关系有更长的保鲜期。

举个例子吧。结婚后你有没有向丈夫抱怨过单位的领导？如果丈夫批评你说"看吧，我说什么来着"，或者丈夫站在单位领导的立场上试图说服你"我要是你领导……"，听到这样的话你的心情会怎样？你有烦恼的事情，本想向丈夫寻求建议，但他心不在焉地听你说，眼睛盯着电视，之后又让你自己看着办，听到这样的话你的心情又会怎样？恐怕你不想再说下去了，你可能会感到被丈夫忽视，感到失望、烦躁、不受尊重、愤怒，甚至晚上无法入睡。因为话是不能随便说的，说话要满足对方的希望和期待。

孩子也和成人类似，只不过孩子和妈妈说话时可能抱有更大的期待。因为孩子无法像成人一样逻辑清晰详细地表达自己的情况和感情，所以只能对对方抱有更大期待了。

因此，与孩子沟通并不是一件容易的事情。

让我们看看 5 岁的多恩和妈妈的对话吧。幼儿园放学后，多恩乘坐校车回家，下车时妈妈发现多恩看起来有些不开心。

多恩：妈妈，我腿疼，背我。

妈妈：自己可以走为什么要我背你，你就这样走吧，妈妈现在也很累。

多恩：（走着走着摔倒了）啊，都怪妈妈，哼！

妈妈：你自己摔倒了，为什么还怪我？

这样的事稀松平常，当孩子感到委屈、烦躁时，总是会说："这都怪妈妈。"对此，妈妈常常感到费解，甚至担心孩子以后会不会做错了事都怪在别人头上，还会苦恼是要立刻纠正孩子的坏习惯，还是暂且放过。

其实妈妈也在努力和孩子建立良好的沟通模式，可为什么会出现这样的事呢？这是因为双方对话的层级不同，因而导致双方"聊不来"。妈妈是以孩子表面上的行为和语言为标准进行对话的，而孩子期待妈妈以自己的经历和内心感受为标准来沟通。因为妈妈和孩子的视角、标准、高度不同，所以沟通出现障碍也就不奇怪了。

* 妈妈的立场

以孩子当下的行为和语言为标准来进行沟通。

"为什么刚回家就这么烦躁，自己可以走路，还要妈妈背。"

"自己没走稳摔倒了，却无缘无故地怪妈妈。"

* 孩子的立场

渴望妈妈以自己的经历和内心感受为对象来进行沟通。

"我从幼儿园校车上下来时，你没发现我心情不好吗？"

"幼儿园里的瑞允不跟我玩，却跟敏泰在玩，我特别伤心。"

"所以我让妈妈背我来获得一点安慰，可妈妈不肯背我。"

"不背我导致我摔倒了，这是妈妈的错。"

请站在孩子的角度读懂孩子的表情和情绪

如果想要和孩子建立良好的沟通，就应该满足孩子的期待，即站在孩子的角度来沟通。为了能了解孩子的内心，就需要留心观察孩子的表情，而非当下的行为。特别是在孩子表现出负面情绪时，更应该多加注意。孩子在烦躁的状态下，更容易用语言和行为刺激妈妈生气。

这时如果只看孩子当下的行为来尝试与孩子沟通的话，失败的概率恐怕是百分之百。通过观察孩子的表情，发现孩子心中不快时，请不要只关注他当下的行为和言语，要努力通过阅读孩子的表情，了解孩子想对妈妈说什么，然后对孩子说："是不是有什么不开心的事情呀？"凭着妈妈认真倾听的态度，足以使这次沟通获得成功。

只有妈妈与孩子心灵相通，孩子的心灵才会更加健全。如果做不到敞开心扉，那是无法安慰孩子的心灵的。如果你感到无法触及孩子的内心世界，那可以暂且保持沉默，然后看着孩子的眼睛说："儿子，你现在知道妈妈的内心想法吗？现在妈妈不知道你的内心世界，感觉很伤心。妈妈想听你说一说好不好？"

妈妈和孩子互相敞开心扉之后，才能呵护好孩子的心灵。

妈妈的说话之道 1 学会与孩子沟通才能心灵相通

➤ 妈妈是孩子的人生准则，妈妈的语言和行为构成了孩子的思
维框架，塑造了孩子心灵的形状。

- -

➤ 如果妈妈能准确并迅速地理解孩子的期望与需求，并做出积
极的回应，将对孩子的自我概念和自尊心的形成有很大的
帮助。

- -

➤ 3 岁以后，孩子的语言能力将突飞猛进，和妈妈保持顺畅的
沟通，可以使孩子体验多种语言和沟通模式，对语言和认知
发展有很大帮助。

- -

➤ 如果孩子的一天中充满愉快、喜悦、满足、心动、舒适、幸
福等正面情绪，孩子就会分泌更多的"幸福激素"，积极的生
活态度对孩子身体发育也有很大帮助。

- -

➤ 孩子健全心灵的形成不是靠说教，而是靠父母身体力行。所
以妈妈要学会关心、分享和合作，向孩子展现与他人建立关
系的正确行为，并向孩子展现积极的成果。

- -

➤ 当孩子的表情透露出不愉快时，请仔细观察孩子想对你说什
么。然后对孩子说："是不是有什么不开心的事情呀？"凭借
认真倾听的态度，足以使这次沟通获得成功。

如何培养
孩子的自尊

塑造孩子的心灵 01

不要催促孩子，
尝试倾听孩子内心的声音

“不要哭了，好好说话”
——这句话为什么会伤害到孩子？

如果你仔细留意，就会发现有很多这样的妈妈，她们让哭闹的孩子坐下来，对孩子说：“不要哭了，好好说话。你不说话，我怎么知道你怎么想。”看着噘着嘴巴一句话都不说的孩子，妈妈很费解。每当听到这句话时，我总是不免为孩子担心，甚至想抱抱孩子安慰一下。请问在这样的氛围中，孩子如何能说出话来呢？

很多妈妈既不想批评孩子，也不想指责孩子，只是好奇孩子到底有什么问题。其实妈妈们的追问并非出于恶意，

但是有时候从孩子的立场上看，孩子们可能会觉得十分委屈。在妈妈催促孩子的过程中，孩子可能因为这种氛围而内心受到伤害。

为了加深印象，我再稍微夸张地解释一下，这句话会在两个方面产生负面影响。第一，孩子可能会对妈妈感到失望和产生距离感，最终导致亲子关系疏远；第二，孩子感到忧郁、自责、不安，这些负面情绪也会对他们造成伤害。

为什么让孩子好好说话是错误的？我们可以在依恋关系形成的过程中找到原因。0～2岁是依恋关系形成的关键时期，这段时期，每当妈妈听到孩子的哭声时，就会留心观察孩子是否在好好休息、肚子是不是饿了、有没有哪里不舒服，这是妈妈和孩子间的特殊沟通。妈妈总会用心抚慰哭闹的孩子，同时，妈妈也能准确理解孩子的需求，并给予他适当的帮助。孩子哭闹，妈妈做出回应，不断反复这一过程，孩子由此感受到妈妈的爱，形成了对妈妈的依恋。

如果孩子必须"好好说话"，妈妈才能够了解孩子的内心，这就不是孩子所期待的好妈妈。因为如果孩子能够讲清楚事情的原委，那其他成年人都可以给予孩子帮助，妈妈的特殊性就不复存在了。

孩子不希望妈妈和其他大人一样，而是希望自己的妈妈是最特别的，希望妈妈只是看到自己的眼神、表情、行为就可以读懂自己的心。不同程度的哭闹、心烦意乱、摔东西、大喊大叫、踢东西等负面行为其实也是孩子发出的信号。孩子希望妈妈看到这些信号后，不用说就可以理解自己的心。因此，能与孩子建立良好沟通的妈妈往往是感性而敏感的，他们不用孩子说也能迅速读懂孩子的内心世界。

但如果妈妈非但不和孩子共情，还不断催促孩子，那孩子会有怎样的感受呢？他们会感到很郁闷、失望，想："妈妈为什么会这个样子？"随着这种想法的产生，负面情绪也渐渐累积，最终和妈妈产生距离感。

孩子心中越不安，越想回到小时候

为什么孩子一见到妈妈就流眼泪呢？请先回想一下，你是不是有过这样的经历：你和丈夫一起看悲伤的电影，勉强忍住不流眼泪，突然丈夫看着你的脸问："你哭了吗？"那一瞬间强忍住的眼泪唰地就掉了下来。小时候在外面和朋友发生不愉快，回到家里，妈妈看着你的脸问："发生什么事了？"那一刻是不是眼泪也会夺眶而出呢？

当有人发现你内心深处隐藏的情感时，你会下意识地流眼泪。在这样感情快速起伏的状态下，大部分成年人都说不出话来。而对那些还在学习语言的孩子来说，平时都难以用流畅的语言准确地描述情况，当他们情绪激动时，更加难以好好说话。

请你一定要记住，当孩子情绪不稳定时，心理就倾向于回到更小的时候。小时候孩子用哭闹来表达自己的想法时，可以获得妈妈的帮助和支持。这些记忆让人在无意识中形成一种习惯，只要一看到妈妈就想要流泪。

自己眼泪汪汪，妈妈却催着自己说话，这时孩子会怎么想呢？孩子会认为自己是无用的、没出息的，认为自己是让妈妈失望的坏孩子，甚至自尊心也有可能因此受到伤害；同时孩子还可能会认为世界上没有人能够帮助自己，因此而忧郁；另外还有些孩子可能会感到非常生气。总之，与妈妈沟通的挫败感和对妈妈的愧疚感会成为孩子内心深处更大的不安。

如果妈妈想倾听孩子的心里话，就请在孩子哭闹时紧紧握住他的双手，轻柔地对他说："妈妈想听听你的事情，等一会儿冷静下来了，和妈妈说说好不好？妈妈等着你。"孩子看到妈妈温柔的眼神和认真倾听的态度，激动的心情会慢慢平复下来。冷静之后，孩子也会有对妈妈讲出事情原委的勇气。

关注孩子
敏感的心灵

是否要纠正看人眼色行事的孩子？ ——

　　妈妈都希望孩子能够展开梦想的双翼，尽情享受世界的美好。但有时候孩子会看着妈妈的眼色说出下面这些话，让妈妈莫名地感到内疚，是不是自己给孩子眼色看了、是不是最近说话太凶了、是不是和丈夫有矛盾被孩子察觉到了……由此充满烦恼。

　　"妈妈，你没事吧？"
　　"妈妈，我做得好吗？"
　　"妈妈，你爱我吗？"

"妈妈，你讨厌我吗？"

"妈妈，你恨我吗？"

"妈妈，你生气了吗？"

　　当然，有察言观色的能力总比没有要好。不懂得察言观色的人，随时随地口无遮拦，他们的行为和语言可能会对他人造成不适。如果不能考虑他人的立场，也就很难与他人维持良好的人际关系。相反，会察言观色的孩子更加小心谨慎，会顾及情景及他人的立场，未来会有更强的自我调节能力，能够控制好自己的语言和行为。这样的孩子不会给别人带来伤害，所以往往比较容易得到他人的正面评价。从人际关系方面来看，学会察言观色显然是幸运的事情。

　　但站在妈妈的立场上，妈妈不会希望自己的孩子总是看别人的眼色行事。孩子总是看别人的眼色行事，可能是没有自信的表现。另外由于孩子缺乏自尊，未来也更加容易受到他人的伤害。小心翼翼的性格总是让人觉得会吃亏，这让妈妈的心情非常难受。

　　察言观色的孩子中，有些孩子会抱有"我要迎合其他人，不迎合是我的错"，或者"反正别人的意见总比我的意见更正确"的错误观念。在这种情况下，不能排除他们发展为"善良孩子症候群"（为了在他人眼中留下更好的形象，努力压制自己的负面感情或需求的孩子）的可能性。在必须做出决策的情况下，如果总是看别人眼色行事，则会出现选择障碍，也可能会让周围的人感到郁闷，或者会导致工作进展缓慢，给他人造成不便。

适当地迎合他人是社会生活中必须具备的积极态度和生存技巧，但是为了迎合他人过分地压抑自己的需求，总有一天会让自己的情绪爆发。妈妈应该把握好"适当"和"过分"的程度，并给予孩子帮助。

学会察言观色意味着社会属性的发展

孩子为什么会察言观色？有以下四种类型。

1. 父母经常郁郁寡言，情绪波动大，教育过程缺乏连贯性，孩子就会对父母的情绪难以做出预测。因为不知道父母什么时候会生气，所以孩子只能看眼色行事。

2. 妈妈的表情很重要。当妈妈生气时，孩子会看妈妈的表情；当妈妈面无表情时，孩子也会看妈妈的表情。因为试图明白妈妈的不同表情代表着什么，所以孩子会为了了解情况而察言观色。

3.妈妈经常生病乏力，看起来不幸福时，孩子也会察言观色。孩子会对被抛弃感到深深的恐惧，如果妈妈走了，留下自己一个人可怎么办？因此孩子会察言观色，问妈妈："妈妈你没事吧？"

4.当孩子需要爱和关心，或者没有得到充分认可时，孩子会问："妈妈，你爱我吗？""妈妈，我做得好吗？"以此反复确认。这在谈恋爱中也时常发生，如果一方以工作忙为借口不与对方见面或打电话，就会让对方产生"变心了"的怀疑，这一方就会问："亲爱的，你还爱我吗？"

引导孩子适当察言观色，并勇于表达自我

作为妈妈，如何引导孩子适当地察言观色，并勇于展现自我呢？当你明确孩子察言观色的原因时，你就可以找到适当的方法了。

首先，绝对不能批评孩子的性格，例如批评孩子软弱和看他人眼色。请不要不耐烦地责备孩子"你怎么总看别人眼色？""把你的想法说出来啊，为什么不说话！"或者说"别的孩子都不这样，怎么就你这样？"这只会让孩子

变得更加畏畏缩缩，对孩子没有任何帮助。妈妈首先需要看到，察言观色也包含了小心谨慎和能够体察他人感情的优点。而对过度察言观色的担忧，妈妈应当用孩子可以听得进去的语言适当说明。

其次，妈妈应该多对孩子微笑，向孩子展示积极向上的生活态度，从而获得孩子的信任。你听说过"55387定律"[1]吗？美国心理学家艾伯特·梅拉比安曾提出过一个关于沟通的理论，它在人与人之间的对话中起着重要作用。梅拉比安认为，人与人之间的沟通中只有7%是语言，剩下的93%则是态度、声音、表情等。即使妈妈说"妈妈很幸福""妈妈爱你"，但如果妈妈没有展现出相应的表情，或者看起来并不幸福，那么孩子也不会相信妈妈的话。

这与教育专家说的"妈妈幸福，孩子才能幸福"的观点是相通的，如果妈妈总是开朗活泼的，那孩子会理所当然地认为妈妈生活得很幸福，自然也就没有察言观色的必要了。

最后，在孩子追问妈妈是不是爱他之前，妈妈就应该向孩子充分展现爱。早晨和晚上妈妈应该与孩子保持肌肤

---

1 55387定律：决定沟通效果的55%是视觉，38%是听觉，7%是内容。

接触，常常充满爱意地与孩子对视，并用柔和的态度和温柔的语气向孩子表达爱意。虽然妈妈爱孩子是天经地义的，但孩子未必会相信。因此请一定要记住，如果孩子感觉不到爱，对爱产生怀疑或感到不安，那将会给孩子的心灵造成莫大伤害。

对孩子而言，妈妈的爱就像粮食，人必须每日食用三餐才能生存，孩子也必须得到充足的爱才能够健康成长。回想谈恋爱时，每当发生了一些不愉快的事情时，或是你感受不到爱时，你是不是也会问诸如"亲爱的，你爱我吗"或者"你还爱我吗"的问题呢？

不要只在孩子做得好时感谢孩子，而应该感恩孩子的存在，让每个与孩子相处的瞬间都是幸福的，这是塑造孩子心灵的基础。请务必记得随时向孩子表达你的爱意！

育儿
小妙招

如果孩子总是看他人的眼色，
那么妈妈要多用表达爱意的话语。

　　"你知不知道你自己有多珍贵呀！"
　　"妈妈非常感谢上天把你送到了我身边。"
　　"妈妈很幸福，我可以抱着你，闻到你香香的味道，和你创造很多美好的回忆。"

如果孩子总是很关心妈妈的情绪，
请尝试这样对孩子说：

　　"不是所有人都可以透过眼睛看到别人的内心，努力去迎合、满足别人就更困难了。妈妈很担心，我的宝贝如果只想去迎合别人的话，你会不会忽略自己的需求呢？如果你觉得满足别人就可以了，这样就不对了。因为我们谁都无法完全满足别人的要求，而且这样会过得很累，妈妈不希望你这样。"

请牢记孩子
特有的表达方式

为什么孩子喜欢用比较的说话方式？ —

一位妈妈养育着一对年龄分别是 6 岁和 4 岁的姐弟，这一天妈妈带着姐姐智敏来到了咨询室。智敏和妈妈单独来到游戏室，看起来似乎很兴奋，拿出了各种各样的玩具玩耍。做美工时，发生了下面的对话。

妈妈：和妈妈单独出来玩开心吗？

智敏：嗯，开心，妈妈呢？

妈妈：妈妈也很开心。

智敏：那么妈妈更喜欢智佑（弟弟），还是更喜欢我呢？

妈妈：（没有犹豫，直接回答）当然是智敏了，你不
知道妈妈最喜欢智敏吗？

智敏：（盯着妈妈看）

妈妈：你不喜欢智佑吗？那把智佑送到奶奶家好不
好？让奶奶养智佑。

智敏：不要，那可不行。

养育两个及以上子女的妈妈可能都会被问到这样的问
题：妈妈是更喜欢弟弟，还是更喜欢我？对这个两难的问
题你是怎么回答的呢？是不是像智敏妈妈一样，为了让姐
姐开心，就告诉她"妈妈最喜欢姐姐"，还是姐姐问时说最
喜欢姐姐，弟弟问时说最喜欢弟弟？或者是回答"两个都
同样喜欢"？孩子为什么会提出这样的问题？孩子们又希
望听到什么样的答案呢？

想要理解这个问题，首先需要了解一下孩子特有的表
达方式和他们的内心世界。首先，当孩子想要准确表达
"喜欢"或"爱"时，往往倾向于采用比较的方式。例如，
孩子想要更明确地表达"我爱妈妈"时，往往会说"我讨
厌爸爸，只喜欢妈妈"。与其说孩子是真的讨厌爸爸，倒不
如说孩子是想表达非常喜欢妈妈。这种孩子特有的表达方
式有时会让成年人感到困惑。

4 岁的彩伊很喜欢上幼儿园，也比较适应幼儿园的生活。有一天放学后，彩伊妈妈准时去接彩伊，还带了她爱吃的糕点和饮料。看到妈妈，彩伊兴高采烈地跑过去拥抱妈妈，这时她发现了糕点。

彩伊：啊，糕点！

妈妈：要吃糕点吗？先跟老师说声再见，回来再吃吧。

彩伊：不要，现在就要吃。（妈妈拿出一块糕点，放到彩伊手里）

老师：（提着彩伊的书包出来）妈妈带来糕点啦，彩伊很开心吧？

彩伊：我讨厌老师，我只喜欢妈妈。

妈妈：你怎么了？不是每天都说很喜欢老师吗？

平时非常喜欢老师的彩伊突然说"我讨厌老师，我只喜欢妈妈"，这让人感到费解。尴尬的彩伊妈妈恐怕会对老师感到抱歉，同时也担心老师是不是经常训斥孩子。其实，如果孩子平时看到老师时总是面带笑容，并经常表示喜欢老师的话，就大可不必担心。因为这并不是孩子和老师的关系出现了问题，而是孩子想通过比较来强调她更喜欢妈妈。

孩子想要确认妈妈是不是爱自己时，表现出你的爱即可

让我们再次回到兄弟姐妹关系的问题："妈妈更喜欢弟弟，还是更喜欢我？"这个问题其实是孩子对妈妈的爱持有怀疑时，希望得到明确确认的信号。比如说弟弟生病了，几天来妈妈只顾着照顾弟弟；哥哥和弟弟吵架时，妈妈总是训斥哥哥；妈妈允许弟弟尽情地玩玩具，却让哥哥学习。这时想必哥哥就会怀疑妈妈是不是真的爱自己。当觉得妈妈忽视自己或者不关心自己时，孩子就会为了确认而提出这样的问题了。

那么，妈妈应该怎样回答这种问题呢？我们站在孩子的角度上寻找答案吧。

孩子们常常担心自己被抛弃，如果妈妈对心里感到不安的孩子说"妈妈更喜欢姐姐"，孩子会作何反应呢？孩子会想：如果弟弟被抛弃了该怎么办呢？那下次是不是就该抛弃我了？这样，孩子对被抛弃的不安非但不会消失，反而会变得更加担忧。

孩子想听到的答案并不是"姐姐更好"或"弟弟更好"的二者选一，因为比起被选择的快乐，孩子对未被选择一方的愧疚感会更加强烈，而且还会更加担忧下一次自己是

否还能得到选择。请不要被孩子比较的表达方式欺骗，更不要在两个孩子中做出选择。

　　当孩子问"妈妈更喜欢我，还是更喜欢弟弟"时，你可以这样回答："看来最近妈妈考虑不周，让女儿担心了呀。你担心妈妈不爱你吗？妈妈其实非常非常爱我的女儿，所以不要担心，以后我会经常抱抱你亲亲你，爱你哦。"其实孩子只是想得到妈妈的爱，作为妈妈只要表现出真挚的爱就足够了。

经常鼓励
缺乏自信的孩子

为什么孩子
会认为自己不行？

　　小学一年级的珠姬是个内向、腼腆的女孩。有一天，珠姬放学回家，静静地望着窗外，突然对妈妈说："妈妈，我学不好美术。"珠姬妈妈平时总是担心女儿胆小、缺乏自信，这时给了她鼓励。

　　"没有啊，你美术挺不错的。以前你给奶奶做的贺卡，奶奶非常喜欢，还一直夸你呢！"

　　但是妈妈的安慰没起到什么作用，珠姬开始用更大的声音说话。

"不，我们班的智慧做得更好。"

妈妈心里清楚，对年幼的孩子，无法判断孩子是否缺乏某项天赋。当孩子说"我美术不行""踢足球不行""朋友都可以就我不行"时，妈妈心里都会很难过。

这时很多妈妈会安慰孩子说："不，你也做得很好。上次不就做得挺好的吗？"希望扭转孩子的错误认知。也有的妈妈会觉得很郁闷，略带威胁地对孩子说："还没做过怎么就知道做不好呢？"还有的妈妈知道不应责备缺乏自信的孩子，会鼓励孩子再次挑战，对孩子说："只要认真学习就能做好，继续努力吧！"

这时我们必须要牢记，如果想要和孩子心灵相通，那我们必须真正了解孩子的内心世界。但遗憾的是，上述这些妈妈们的话术都没有做到了解孩子内心的真实想法，只是着眼于解决眼下的问题，或寄希望于快速扭转孩子的错误认知。

如果孩子说"我不行"，且表现出缺乏自信，妈妈就要努力挖掘这背后的含义。要想了解孩子的内心世界，就应该努力探究这些想法产生的根源。再次强调，不要过于关注孩子说出来的话，而要努力挖掘孩子隐藏在内心的想法。当我们可以站在孩子的角度思考时，才算是做好了与孩子沟通的准备，这样的准备状态将实现亲子间成功的沟通。

孩子说"我不行"的心理动机主要包括以下几个方面：

1. 孩子在内心设定了比较的对象。在与同龄人玩耍时或在学校生活中，如果孩子不喜欢的人或是心中的比较对象受到了表扬，孩子就可能会产生"我不行"的心理。这源于孩子的竞争心理，以及希望获得表扬和认可的心理。

2. 在孩子小时候，如果妈妈或兄弟姐妹常常替孩子做本该他自己做的事情，孩子也会产生自己不行的心理。这是出于对妈妈或兄弟姐妹的依赖心理，孩子容易将身边亲密的人等同于自己。

3. 害怕失败。有些孩子只希望看到成功，那么当他面对没有尝试过的事情或对成功没有把握时，就很容易以"我不行"为理由放弃。

如果你无法判断孩子缺乏自信的原因，你也可以直接问他。但请不要进行负面的推测或者对孩子进行嘲讽，诸如说"怎么了"或者"你是不是不想做，在找借口呢"等。这样说的话，孩子非但不会敞开心扉，反而会更加紧闭心门，更加缺乏自信。因此，当你无法判断孩子内心的真实想法时，就请小心翼翼地向孩子表示：妈妈愿意倾听你的真实想法。

如果孩子强烈渴望认可，就请减少孩子的心理负担

　　针对孩子缺乏自信的原因，妈妈要采取相应的话术与孩子沟通。比如，孩子内心中在与某人进行比较，而妈妈只一味地表示"不，你做得挺好的"，这基本起不到安慰的作用。甚至孩子会感觉这是妈妈在批评自己产生了负面的想法。妈妈要给孩子机会说明丧失自信的原因，并真挚地倾听孩子的苦恼。下面让我们来看一下珠姬的情况。

　　珠姬：妈妈，我学不好美术。

　　妈妈：（思考了一会儿回答，态度真挚）是不是你对

　　　　　　哪篇美术习作不满意呀？为什么会这么想？

　　珠姬：老师把我们的画贴在教室后面的黑板上，智慧

　　　　　　的画在正中间，而我的画在最上面。

　　妈妈：原来闺女也想把画贴在中间呀？

　　珠姬：嗯。小朋友们看了智慧的画，都觉得画得很好。

　　妈妈：也是，她的画在中间，更容易被大家看到。那

　　　　　　有没有小朋友看了你的画，夸你画得好呢？

　　珠姬：没有。

　　妈妈：怎么会这样，真可惜！那你觉得这幅画画得怎

么样？画得不错，还是比平时稍微差一些呢？

珠姬：没有平时好。因为没有时间了，没有画完。

妈妈：原来如此，怎么会时间不够了呢？

珠姬：我不知道该画什么了。

妈妈：啊，是吗？可能因为是入学后第一次上美术课，所以紧张了吧！下次美术课之前，可以先预习一下课本，提前在家想好画什么，那样就不会时间不够画不完了。而且，你现在刚刚一年级，还没有考试，但是以后到了二年级和三年级，就要有考试了。你知道一年考几次吗？

珠姬：不知道。

妈妈：一个学期里有期中考试、期末考试，如果还有月考的话，一个学期至少会有 10 次以上。

珠姬：这么多吗？

妈妈：对，我们不能因为一次考试没考好就说学不好，其他考试有可能会考得很好。所以这次你画画没有发挥好，但是老师们和小朋友们不会就这样认为你学不好美术。而且，美术也不只是画画，做手工时你也可以好好展示一下！

孩子上学之后，妈妈难以事无巨细地了解孩子身边发

生的事，因为实际上孩子已经开始与妈妈分离，独立进行
社会生活了。由于无法参与孩子的校园生活，妈妈也就很
难了解这段时间中孩子有怎样的想法或情绪。因此，当孩
子出现烦恼或心情不快时，妈妈不能按照自己的想法做出
判断，而是需要认真倾听孩子情绪的源头，设身处地地为
孩子思考解决办法。

当孩子抵触写作业时，帮助孩子要有限度

孩子会将妈妈或兄弟姐妹当成自己最亲密的人，因此
有时会对她们说"我不行"，希望她们可以替自己完成作
业。孩子抵触作业或者作业过难的情况时有发生。虽然在
妈妈看来作业可能十分容易，但对第一次接触这些作业的
孩子而言，解题过程相当复杂，容易产生放弃心理。

比如，现在小学低年级会留诸如写儿童诗、制作防火
宣传海报之类的作业。这时妈妈如果对孩子说"你都没有
做过，为什么说不行"，孩子会怎么想呢？本来孩子内心已
经在抵触作业了，再听到妈妈的训斥，心里难免更加不满
和烦躁。这时最重要的依然是先读懂孩子的内心。之后帮

助孩子找到完成作业的方法，但是在实际完成作业的过程中，妈妈不要过度帮助，请务必留给孩子自己完成作业的机会。举个例子，妈妈可以像下面这样沟通。

> **妈妈：** 这是第一次做海报吧！但这是你的作业，不是妈妈的作业哦。不过妈妈可以教给你制作方法，你知道海报是什么吗？见过没有？
>
> **儿子：** 嗯。老师让我们看过，上面有字也有画。
>
> **妈妈：** 哇，你这不是很了解嘛。那有没有想过要写什么字、画什么画呢？
>
> **儿子：** 没有，不知道。
>
> **妈妈：** 没有想法时该怎么办？是不是最好查一下相关资料，该怎么查资料呢？（和孩子一起上网或者查找相关书籍）海报大概要写多少字、写什么内容呢？
>
> **儿子：** 8～10个字，内容是注意防火。
>
> **妈妈：** 那么我们也写8～10个字吧？（交流想法，思考文字和图画）现在要开始做了，你希望妈妈帮你做点什么？
>
> **儿子：** 全都帮我做完。
>
> **妈妈：** 如果妈妈都做了，那就是妈妈的作业，不是你

的作业了。你说妈妈是帮你画画还是上色？

儿子： 画画吧。

妈妈： 好，那我帮你画一下。这里画人、房子还有火苗，妈妈来画人，你来画火苗和房子好不好？

　　完成好作业的核心在于保持轻松和愉快。孩子们在玩耍时不会感到厌烦或难过吧？孩子之所以讨厌完成作业，正是因为完成作业的过程往往是不轻松、不愉快的。但是孩子与妈妈一起做某件事情的过程如果是轻松愉快的，那么哪怕这件事有难度，孩子也会将其当成一场快乐的游戏。如果孩子对第一次做的作业出现了抵触，希望妈妈替他完成，妈妈应该让孩子完成作业的过程变得更加轻松愉快。只有这样，当孩子再次面对新的作业时，才能更加欣然地接受挑战。

鼓励孩子把喜欢的事情做好

　　下面来讨论一下那些希望获得成功而害怕失败的孩子。一般这样的孩子平时有很多成功的经历。例如，他们从小就有更优秀的认知能力，记忆力较好，学习语言也比同龄人更快，经常使用高级用语或外语，在益智游戏中也常常会获得胜利。这些孩子也往往会获得更多的称赞，得到诸如"了不起""做得好""很棒""很好"的评价。这些孩子倾向于认为"自己做得好，他人就会喜欢自己"。同时，这些孩子也会担心陌生的事物，害怕失败而不敢面对挑战。

过度的称赞反而会制约孩子的成长，会让孩子不敢面对新的挑战，对失败感到恐惧。

我做关于孩子学习能力的咨询时，会常常看到妈妈们努力让孩子做自己不擅长的事情。例如，一个孩子美术水平很高，但不擅长演讲，妈妈就会送孩子去上演讲课或辩论课；另一个孩子运动不错，但不擅长美术，妈妈就送他上美术课外班。

当然，如果孩子各方面都很优秀就再好不过了，但金无足赤，人无完人。尤其对兴趣爱好尚未明确的孩子而言，与其面面俱到，倒不如让他们做好喜欢的事情。

其实人之所以会擅长一件事情，往往是不断重复、刻苦努力和熟能生巧的结果，这需要花费很多时间。孩子在自己喜欢的事情上得到过认可，内心就会感到喜悦，因此在其他领域他也会为了得到他人的认可而倍加努力。与其让孩子做好不擅长的事，倒不如让孩子把擅长的事做得好上加好，这样也可以更快有所成效，还能够帮助孩子尽快找到自己的优点。

　　妈妈们总是为了培养孩子的自尊和自信煞费苦心，如果孩子突然说"我不行"，那么站在妈妈的角度上恐怕会难以安心。但是，对此不能简单地回应说"不，你能行"，对孩子加以否定或进行强迫。希望妈妈们可以深入倾听并了解孩子的内心，为孩子量身制订成长计划，塑造孩子的自信、自尊，维护孩子的心理健康。

让忧虑的孩子安心

如果孩子对小事都很忧虑，该怎么办？

在孩子的成长过程中，常常会对没有发生的事情感到忧虑或不安，比如担心"妈妈会不会死""闪电击中房屋怎么办""家里进小偷了怎么办""爸爸会不会出交通事故""飞机会不会坠毁""一个人时会不会看见鬼魂"……

忧虑并非完全是一件坏事。例如，对考试结果的担忧能够促使我们在考试之前做好准备；而对火灾的忧虑会促使我们检查灭火器、火灾报警器、喷雾器等消防设施，并进行火灾演习或购买火灾保险。因为有忧患意识，实际遇到事件时才能够保持冷静，从容解决问题。

每个人都会有忧虑这种负面情绪，一定程度的忧虑意味着小心谨慎、事前准备和紧张感，对我们的日常生活有很大帮助。

但是，过度紧张和不安会变成压力，损害身心健康。如果一个人一天中总是被负面情绪笼罩，那他的世界观可能也会发生扭曲。忧虑过度会导致孩子畏缩不前或出现强迫性行为，因此妈妈需要特别关注孩子是否忧虑过度，并给予孩子适当的帮助。如果你的孩子常常对没有发生的事情感到忧虑，那可以从以下三个方面判定忧虑的程度：

1. 孩子忧虑的现象是从什么时候开始的？
2. 孩子一天中有多少次表示自己很忧虑？
3. 忧虑对孩子的生活产生了多大影响？

了解引起孩子忧虑的原因

假设孩子的过度忧虑是从妈妈突然开始上班、搬家、换幼儿园之后开始的，或者是妈妈把睡着的孩子留在车上，自己暂时下车去买东西，这时孩子醒来独自在车里哭泣，以上的情况都可以归类为同一种原因：孩子因经历了没有预想到的事情而产生了忧虑。孩子对无法预测的情况感到恐惧，另外由于在先前的经验中这些情况未能得到解决，这也在孩子心中种下了忧虑的种子。

有些妈妈可能会说"我提前跟孩子交代过我什么时候开始上班"。站在孩子的角度上看，虽然知道了妈妈要去上班，但这之外依然有很多无法预料的情况。之前妈妈经常陪在孩子身边，为孩子准备美味的零食，当孩子与小朋友发生矛盾时，妈妈也会为自己排忧解难……但妈妈上班之后，孩子担心自己再次遇到困难时就没人帮助自己了；或者是孩子睡醒后发现被关在车里出不去，仔细一看发现妈妈没有在身边。这样的情况可能只是一瞬间，但孩子也会非常恐惧。

如果孩子对过去未曾料想的事情产生了负面情绪，那孩子也会对未来的事情感到担忧，担心如果未来也发生这样的事情自己该怎么办。如果这一过程反复出现，并且妈妈没能帮助孩子消除不安的话，那么孩子可能会对没有发生的事情感到忧虑。即使妈妈及时向孩子表示"爸爸很会开车，不会出交通事故""如果小偷来了，警察叔叔会抓住他的"，孩子的过度忧虑很有可能还会以其他形式再次出现。孩子过度忧虑的根源是曾经的经历，如果不能解决根本的问题，即使帮助孩子实现了情绪上的放松，过度忧虑也将会不断以不同的形式出现。

但是，我们无法改变已经发生的事情，所以对孩子说"忘掉以前发生的事吧！为什么总是想着不好的事情，让自己白白担心呢？"是不恰当的。反而妈妈应该充分理解孩子恐惧的心情，并努力防止类似事件再次发生。

另外，妈妈应该比以前更加仔细地观察孩子的情绪，帮助孩子在情绪上放松。为了能够恢复妈妈和孩子之间出现裂痕的信任，妈妈有必要表现出一贯的、稳定的态度。至于要坚持多久，这不是由妈妈决定的，在孩子的忧虑消失、情绪稳定之前要一直坚持。

孩子有可能只对妈妈谈及自己的担忧

留心一天中孩子忧虑的时间、频率，以及忧虑对孩子生活产生的影响也是非常重要的。比如，有些孩子在学校生活中没有问题，但回到家后唯独会对妈妈表示自己的忧虑；还有的孩子在玩自己喜欢的游戏或去自己喜欢的地方时，可以玩得很开心，但是当无聊或者做不喜欢做的事情、面临困难时，就会特别担忧。如果孩子在学校生活中，和朋友玩耍时，或者做自己喜欢的事情时，都表现得很正常，只是对妈妈表示自己的担忧，那妈妈没有必要反应过度，也没有必要担心孩子。

志敏是家中的独生女，平时喜欢在网上看视频。但是上三年级之后，她就开始担心"自己犯的错误如果在网上被播放出来怎么办""如果有人偷拍自己怎么办""如果妈妈生病离世怎么办"……但学校老师说看不出志敏在过度忧虑，她只对妈妈谈及自己的担忧。

志敏妈妈说志敏是个开朗活泼的孩子，妈妈对志敏的变化感到陌生和担心。对此，我首先通过游戏了解了她们母女间的沟通和相处模式。

第一次进咨询室时，志敏脸上的表情似乎在说"我很担心"，但是和妈妈一起进入游戏室后不到 1 秒钟时间，她就变得开朗起来，开始摆弄玩具。她非常兴奋地说："妈妈，我要玩这个。妈妈在旁边休息吧！"之后志敏主导着整个游戏过程。

30 分钟的游戏时间中有两点引起了我的关注。志敏是一个非常想得到肯定的孩子，妈妈似乎也不想给志敏任何压力，所以她对志敏的话非常敏感。

志敏：（好像玩得很开心）每天都能这么玩就好了。

妈妈：为什么呀？是因为学习很累吗？你不喜欢哪一科？

志敏：不，不累。可是妈妈，听说我们学校的操场以
前是公墓，那晚上会出现鬼魂吗？

妈妈：谁说的？你是从哪儿听来的？那都是假的。你
总是想这些事所以才会害怕！

妈妈希望孩子能无忧无虑地幸福生活，但生活中不可
能只有幸福。想必很多妈妈曾经的学校里也有过公墓的传
说，很多妈妈也曾因为害怕鬼魂、学习压力大、对朋友不
满等感到过担忧和不安吧。

如果对孩子说的"每天都能这么玩就好了""学校的操
场以前是公墓"等日常对话反应过度的话，那么当孩子与
妈妈找不到聊天话题时，可能会通过表达自己的担忧和压
力来引起妈妈的注意。

当孩子对没有发生的事情忧虑时，妈妈不要反应过度

每个孩子都会有喜怒哀乐，只有不断和身边的人分享
并解决小忧虑，才能在出现大担忧时不慌不忙，逐一解决。
但是妈妈也要让孩子知道，对没有发生的事情过度担忧，

只会影响自己的身心健康，对生活没有太大的帮助。如果这时妈妈与孩子共情并安慰孩子，无意间对孩子的忧虑做出过度反应，就会产生副作用，让孩子的忧虑更加严重。

当然，对孩子当下面临的问题，妈妈应该抱着积极倾听的态度与孩子共同解决问题。但是如果孩子对没有发生的事情过度担忧时，妈妈就可以轻描淡写地说："妈妈小时候也和你有过同样的担心。但是这样的事情发生的可能性很小，不用担心。"另外，不要让孩子独处，找人陪着孩子，或是让孩子投入到某件愉快的事情当中，这也是一个不错的解决方法。

如果孩子在学校生活中也经常表现出担忧，总是感到害怕，表情中透露着忧郁和不安，那请务必多加注意。如果这一情况持续一个月以上，我们有必要找出根本原因，并寻求专业的帮助。

妈妈希望自己家的宝贝可以不受伤害、健康成长。但是，没有必要因为孩子走路摔倒受了点轻伤就叫救护车。对微小的伤口而言，心灵上的安慰比医学上的治疗更有效果。暖心的安慰就像一张创可贴，轻便地治愈内心，会让孩子的心情更加舒服。当然，如果有大的伤口则需要专家的帮助，以免伤口进一步扩大恶化。

包容孩子的返婴行为

为什么孩子有时会做出与年龄不符的行为？

请回想一下孩子不安和焦虑时会说什么，可能妈妈对孩子说的很多话都不会留下深刻印象，但是有一些话会让妈妈感到十分不安——那就是"返婴"的语言。提到返婴行为，妈妈们可能会回想起很多场景。比如好不容易教会了孩子自己去洗手间，但是孩子在弟弟出生后突然又开始寻找尿布；再比如孩子本来一直使用杯子喝牛奶，但是自从上了幼儿园之后，他又开始用奶瓶了。有时我们的孩子会突然做出类似婴儿的行为。

有时 6 岁以上的大孩子会突然做出婴儿般的行为，或是使用婴儿的语言，比如"我想回到妈妈肚子里去""不想上学，上幼儿园更好""不想和朋友一起玩，和妈妈一起玩更有意思"等。听到这些话，妈妈往往会感到不安。甚至有的孩子把婴儿时期的玩具拿出来继续玩，一边玩一边说"我最喜欢这个玩具了"。妈妈对孩子不合年龄的言行，可能会感到十分生气。

7岁的健熙就要上小学了，最近在幼儿园里，他因为写日记、听写等原因压力很大。此外，他又要上跆拳道课外班、英语课外班，又要完成老师布置的作业，要做的事情很多，这段时间突然和妈妈发生了很多矛盾。妈妈认为健熙已经不是尽情玩耍的年纪了，应该做好上小学的准备，但健熙因为每天繁重的学习任务感到非常烦躁。

这样的生活在持续了6个月左右时，健熙突然开始说诸如"害怕""不想上学""不想当哥哥""想回到妈妈肚子里"之类的话。之前在妈妈去扔垃圾时，健熙能够照顾好弟弟，但现在他担忧着"妈妈走了就不会回来了""坏人可能会把妈妈带走""恐怖的人可能会闯进家里""一个人在家会起火"等。妈妈为了消除他对上小学的恐惧，带他去小学操场上玩。但是健熙的返婴行为似乎越来越多，而且越来越具体，妈妈开始考虑带他去儿童精神科接受咨询。

像健熙一样即将升入小学的7岁儿童的压力比父母想

象的要大得多。健熙在此之前一直可以自由地玩耍，但是突然间学习量和难度都大大提升；另外现在白天要上课，晚上还要完成作业，健熙的生活方式也不得不为之改变。每天的日程突然变得如此紧张，当然压力也会骤增。

其实哪怕孩子没有经历这些变化，升入小学本身就会给孩子带来相当大的心理压力。在上小学前的 1 年时间中，孩子身边的人会一直对孩子说"上学了要听老师的话""去上学之前，应该先识字""怎么总是粗心忘带东西，看来还得做好上学的准备啊""学校老师不会像幼儿园老师一样什么都为你做"等，这对孩子来说是相当大的心理负担。

面对这样未知的未来，孩子心生恐惧，从而出现了返婴行为，这可以看作是人类心理上的保护机制。成人也是如此。比如过节时，妈妈不想去婆家，就会说"早知道我就不会结婚了，好想一个人生活"。任何人都不希望面对困难，这时自然会怀念没有困难的从前时光。

另一方面，这种倒退的行为可能是人类在紧张的生活中寻求休息和自由，实现内心平衡与宁静的自然过程。例如，妈妈结束紧张的工作回到家里，往往会对丈夫或她的妈妈撒娇，希望得到特别的关心。这样的返婴行为每个人每天都会出现吧！

成年人面对压力也会出现返婴行为

返婴行为其实是所有人在生活中都可能随时出现的正常行为。如果孩子抵触做平时做的事情，或者经常使用婴儿的语言，这可能代表孩子目前面临的压力很大，作为妈妈，需要帮助孩子找到压力的根源。但是如果妈妈以负面的态度去训斥孩子的话，可能反而会使孩子更加怀念小时候，毕竟那时候什么都不做也能得到妈妈的宠爱。因此，妈妈不要对孩子的返婴行为反应过度，这点非常重要。

"妈妈不是说过了吗？这个一次做不完，要提前做好准备。"

"那个玩具是小时候玩的，怎么现在还玩？"

"你不想上学也要去上学啊，天天忧虑也解决不了问题。别说没用的了，快去学认字吧。"

过节前，妈妈不想去婆家，于是就向自己的妈妈撒娇，这时妈妈往往会听到："妈妈跟你说过了吧，嫁出去就是这样。""现在你已经嫁出去了，还能反悔吗？""别说没用的了，快回家准备吃的吧。"……

作为女儿向妈妈抱怨或撒娇，肯定不希望得到的是妈妈的嘲笑和唠叨，而是希望听到："哎呀，累坏了怎么办啊，节前什么都不要做，就在娘家多休息休息再走吧。妈妈能帮你做些什么吗？"如果女儿得到了妈妈温暖的共情和真心的安慰，她就会希望让妈妈看到自己过得不错，不让妈妈担心，积极地接受现实状况。那么，当孩子向你撒娇时，是不是也有类似的心理呢？

如果孩子说"我不想当哥哥""我不想上学"，请尝试这样与孩子对话：

"看来宝贝不想去上小学呀。对没做过的事情感到不安和担心其实很正常，妈妈也是一样，当时妈妈从幼儿园升入小学时，还有从小学升入初中时，以及从初中升入高中时虽然也很激动，但是也很担心。妈妈当时最担心的就是和好朋友们分开了怎么办，万一不能交到新朋友怎么办。宝贝闺女在担心什么呀？"

妈妈比孩子年长，用妈妈的真实经历告诉孩子"不只是你担心，妈妈也如此"，这样安慰足以让孩子安心。看到妈妈如此坦率，孩子心中会有一种亲近感，从而会希望和妈妈讲出自己的心事。这样妈妈就可以了解孩子为什么想当弟弟、为什么不想上学，知道了具体的原因，也就可以采取针对性的方法了。

育儿
小妙招

咬指甲、吮吸手指是孩子口腔器官的需求得不到满足时出现的返婴行为。如果孩子出现这种情况，可以尝试这样做。

1.　告诉孩子手指和指甲上有细菌。
2.　每当看到孩子吮吸手指时，就让孩子去擦手。这样可以使孩子暂时停止吮吸手指，将注意力转移到其他事情。反复进行这种引导，可以使孩子形成条件反射，即"去擦手＝不吮吸手指"。
3.　如果孩子是因为内心焦虑不安而吮吸手指，可以先让孩子擦手，再帮孩子消除忧虑感（比如考试前或是在焦虑状况下，妈妈可以握住孩子的手）；如果孩子是因为无聊而吮吸手指，妈妈可以陪伴孩子一同玩耍。
4.　如果孩子已经成长到可以沟通、自己能够控制行为的年龄，那妈妈可以问问孩子为什么会吮吸手指、什么时候会吮吸手指。这样孩子就会努力控制不吮吸手指，而妈妈则要对孩子的努力给予鼓励。

当孩子发脾气时，
请耐心地和孩子沟通

为什么孩子会
毫无征兆地突然发脾气？ ——————————

今天家里来了客人，所以妈妈没有同意孩子带小朋友到家里玩，孩子说："我讨厌妈妈，妈妈一点都不懂我。"然后在一间房间的角落掉眼泪。妈妈今天在公司值夜班，很晚才回到家，孩子对妈妈说："我讨厌妈妈，妈妈走。"然后投向奶奶的怀抱。孩子让妈妈帮自己找一个玩具，妈妈没有找到，孩子对妈妈说："你别进来，我想自己一个人待着。"然后关上门进了自己的房间。妈妈对孩子说饭前不要吃饼干，孩子对妈妈说："那我不吃饭，我饿着吧。"睡觉前，妈妈让孩子去刷牙，孩子对妈妈说："妈妈搬到别的地方去住吧，离我远一点，我要一个人生活了。"妈妈让孩子把自己制作的东西扔掉，孩子对妈妈说："不！我以后再也不跟妈妈说话了！"如果孩子总是这样突然闹起了小脾气，那该如何和孩子沟通呢？

闹脾气的孩子会做出各种各样的行为，说出各种各样的话，一天中甚至可能发生几十次。其实也没有发生什么特别的事，只是每天都做的日常事务，然而孩子就偏偏在今天发起了脾气。到底孩子是因为什么发脾气呢？妈妈也常常摸不着头脑，只能叹口气说"怎么又这样了"。其实孩子发脾气是希望妈妈理解自己。比如孩子想给妈妈看自己的优秀作品，但是作品突然被扔掉了，心中不免难过；孩子想早点见到妈妈，但是等了很久妈妈都没回来，心中无奈焦急；想去刷牙，但是妈妈没有哄自己，孩子感到不满；想要玩耍时却找不到玩具，孩子感到遗憾；孩子原想在马拉松比赛中获得第一名让妈妈骄傲，结果却输掉比赛，心中郁闷……孩子通过发脾气的方式，希望妈妈能够理解自己的这些心情。

孩子并不会随随便便地对任何人都发脾气来获得理解，只会对最亲近的人这样做，所以妈妈完全不用担心孩子在其他地方的表现。实际上，妈妈不也是只对丈夫或自己的妈妈发脾气吗？而一般不会对单位的领导或婆婆发脾气。孩子也是一样的。

孩子依然在使用不成熟的方式表达负面情绪

　　妈妈不应忘记，孩子终究是尚未成熟的孩子，而非成年人。孩子无论出现正面情绪还是负面情绪，都会将其表现出来，并让他人察觉到。另外，在大脑的发育阶段，孩子往往会更倾向于做出冲动的行为，而非理性的判断，同时孩子也尚且无法使用完全得体的语言表达自己的感情。所以当孩子觉得妈妈不理解自己的内心时，就只能用发脾气的行为来表达。从这个意义上来看，发脾气是不成熟的孩子用于表达自己感情的不成熟的方法。

　　当孩子发脾气时，妈妈的回应大致可以归为五类。

　　1.当孩子发脾气的情况不是特别严重时，很多妈妈会选择通过其他方式来转移注意力，让孩子忘记使自己发脾气的事情。这虽然看起来立刻解决了问题，但妈妈没有重视孩子发脾气的原因，矛盾很有可能再次出现。

　　2.当妈妈向孩子好好解释后，孩子依然在闹情绪，这时有些妈妈会做出与孩子类似的行为，说"如果你继续这样的话妈妈也生气了""那么妈妈以后也不会和你说话了"等。但是妈妈不能因为孩子的表达方式不成熟，就像孩子一样。这种处理方式无法取得成效，也不利于构建良好的亲子关系。

3. 有些妈妈会批评或责备孩子，比如对孩子说"你自己跑着跑着摔倒了，没能拿到第一名，跟我生什么气？""快张开嘴吃饭，现在你的嘴就像丑小鸭的嘴一样。"其实孩子只是闹一点小脾气而已，如果听到妈妈训斥自己，孩子的情绪可能就会更加糟了。

4. 有些妈妈担心如果孩子发脾气了就哄孩子，以后会形成不良的习惯，因此会无视孩子闹小脾气的行为。但这是最不可取的回应方式。孩子会认为妈妈是因为不理解自己才不做出回应，之后很可能采取摔东西、大喊大叫等更加过激的行为。

5. 当孩子发脾气说"我不吃饭了"时，妈妈对孩子说"好吧，那就不要吃了"；当孩子说"我想一个人待着"时，妈妈就真的丢下孩子一个人出门了。如果妈妈抛下了内心煎熬的孩子一个人走掉，就会让孩子的内心变得孤独不安。当成年人遭遇不好的事情时，如果没有人在自己身边，也会感到无比难过吧！那孩子更是这样了，当孩子被负面情绪裹挟时，他们内心是更希望妈妈陪伴在自己身边的。

　　要注意这五种反应都不是孩子想要的。发脾气是因为孩子希望得到理解，这时与孩子共情是最重要的。

孩子发脾气时，
请不要训斥或者催促孩子

　　妈妈既不能无视孩子的情绪，也不要责怪孩子的错误行为，更不要催促孩子尽快回归常态。这时妈妈要让孩子知道"妈妈能理解你"。实际上孩子发脾气时内心确实隐藏着对妈妈的不满和伤心等感情因素。因此与孩子进行良好沟通要从孩子的内心世界出发，而不能局限于孩子表面上的语言和行为。

　　比如可以这样说："妈妈不让你饭前吃饼干，所以你生气啦？这一点你不是也知道吗，是不是妈妈说话不好听，让你伤心了？但是看着你不吃饭，妈妈也会吃不下去，怎么办呢？"这样的沟通表示妈妈能够理解孩子发脾气那一刻的内心世界，妈妈与孩子一起讨论解决负面情绪的方法，寻找妥协点，这样之后的沟通就容易多了。

　　妈妈也不可能完全理解孩子的内心。如果妈妈没有在

孩子身边，不能立刻判断情况，或者妈妈和孩子虽然在一起，但依然不知道孩子为什么生气时，妈妈可以尝试询问。比如，孩子生气了，躲在窗帘后面不出来，你可以这样说：

"妈妈想宝贝女儿，躲在窗帘后妈妈就看不到你的表情了。如果看不到你的表情，妈妈怎么能理解你的内心呢？出来聊聊好不好？"

之后耐心等待孩子走出来。但是即使孩子走出来了，也很难按照逻辑，将生气的原因及结果一一详细说明。这时候妈妈需要进行具体的引导。

"女儿好点了吗？是伤心了吗，生气了吗，还是太累啦？妈妈只有了解你内心的想法才能帮你呀。妈妈很想知道你是怎么想的。"

这样的态度是真挚的，而不是催促孩子。当妈妈尊重孩子的感情时，孩子对妈妈也会放下戒备。这时妈妈可能已经可以探明孩子的内心了，看到孩子的表情、听到孩子的呼吸，妈妈往往就能凭直觉判断出孩子的感受。但如果妈妈在孩子发脾气时，迅速转移话题，或者急于让孩子回归常态的话，妈妈可能就难以深入到孩子的内心世界。

孩子通过发脾气表达负面情绪时，也是一个培养孩子情商的好机会。这种生活中的智慧比书本上学到的知识更难得。如果妈妈与孩子能针对矛盾进行细致的沟通，寻找对双方有益的妥协点，尝试控制情感，那么孩子不仅可以提升社会适应性和情绪控制力，还有助于提高语言水平和解决问题的能力。

请不要训斥
轻言放弃的孩子

如何改变轻言放弃的孩子？

允熙和允浩姐弟俩很快就要上小学一年级了。姐姐允熙因为喜欢读书，与同龄人相比，掌握的知识比较多，语言及认知水平也相对发展得较快。相比之下，弟弟允浩常常注意力不集中，拼音也没认全，做什么都很容易放弃，所以妈妈常常对允浩更上心。

有一天，允浩看到同班同学正在上跆拳道班，说自己也想学跆拳道。

妈妈：一旦开始学了就要坚持下去，你能坚持吗？

允浩：嗯，我跟朋友在一起，可以坚持的。

　　妈妈一直希望允浩能有所爱好有所擅长，所以当允浩说想学跆拳道时，妈妈感到非常高兴。不过妈妈很担心这次允浩也会很快放弃，但鉴于是允浩主动提出来的，还是选择相信他。

　　上跆拳道课的前两周允浩表现得很好，但是从第三周开始，允浩一去上跆拳道课，就会发脾气抱怨说："太累了，没意思。"

允浩：我能不能不学跆拳道了，不想学了，没意思。
妈妈：不是说会坚持下去的吗？怎么想放弃了？

　　允浩的美术班、游泳班、英语班都是没去多久就放弃了。允浩妈妈很苦恼，是让允浩将不喜欢的事情坚持下去，还是同意让他放弃呢？

　　妈妈非常清楚持之以恒的重要性，如果孩子总是不能长期坚持，经常轻言放弃，这必然会让妈妈感到担心。如果这样的情况反复出现，妈妈或许会长叹一口气，对孩子失望之余，开始不停地催促和唠叨孩子。

　　一般来说，孩子轻言放弃主要有以下几种情况：

1. 孩子目前所做的事情超越了孩子的能力水平，由于兴趣和趣味不足，孩子容易放弃。

2. 孩子对陌生的事物感到恐惧，容易放弃之前没接触过的事情。

3. 孩子很在意他人的评价，或是害怕失败。在自己可能要失败的情况下，孩子可能选择干脆拒绝挑战，提前放弃。

4. 孩子对一件事的学习过程并不了解，而只对这件事本身有期待时，容易放弃。例如，孩子说想弹钢琴，第二天妈妈就送孩子去上钢琴课，孩子可能很快就会厌倦，放弃。其实孩子并不知道学习钢琴需要大量枯燥的手指和按键练习，只是对成为出色的钢琴家抱有期待而已。

5. 父母平时过度帮助孩子，导致孩子自主的经历不足。这样的孩子很难独立思考和持之以恒，容易放弃。

除此之外，如果孩子做一件事不是因为自己的兴趣，而是妈妈强行让孩子做的，孩子就会在情绪上感到压抑或是无法提起精神，这样的孩子也是很容易放弃的。

妈妈需要承认幼年时期是孩子频繁挑战和放弃的时期，并非孩子只要开始一件事就一定要坚持到底，否则孩子就会超负荷。和成年人不同，孩子初识世界，对所有事情都可能轻易产生兴趣，也会轻易放弃。他们还不知道自己喜欢什么，讨厌什么，擅长什么。孩子为了判断自己的才能和能力，需要亲自经历各种各样的事情，中途放弃一些事情也是理所当然的。

孩子通过不断的挑战和放弃方能发掘自己的才能

但这并不意味着可以对孩子轻言放弃的行为放任不理。反复的行为会变成习惯，所以妈妈要留心下面的情况：

1. 学前时期是培养孩子良好习惯的重要时期，而并非培养能力的时期。这一时期妈妈要关注孩子的动机。"会弹点钢琴比较好""男孩子要学会跆拳道才能保护自己""早点开始学英语才能学好"，这些都是妈妈的动机，而非孩子的。如果孩子只是应妈妈的要求开始某项学习，是很容易放弃的。哪怕是件小事情，妈妈也要努力让孩子对其产生兴趣和坚持下去的动力。

2. 不要让孩子学习难度过高的内容，难度略高于孩子当下的水平与能力即可。对孩子来说，重要的不是"做成困难的事"，而是"自己独立做成某件事"。妈妈要让孩子体验依靠自己的力量获得成功的喜悦和成就感。

3. 当孩子想放弃时，妈妈的态度很重要。这时妈妈不要立即做出答复，如对孩子说"不行，开始了就必须要坚持到底"或是"不想做就不要做了"。妈妈首先需要探究孩子想要放弃的具体原因是什么，再帮助孩子解决他面对的问题。

例如，允浩虽然自己说想学跆拳道，但未能坚持多久就改变了想法。允浩说在刚开始的一周里，他得到了老师的照顾，因而能够快速适应，他也觉得跆拳道很有意思。但是之后允浩慢慢发现，他的身材比较矮小，相比同龄人而言身体发育速度较慢。允浩后来说他并不是讨厌跆拳道，而是讨厌发育缓慢的自己。允浩希望得到称赞，但是自己身体的局限性让他达不到标准。允浩很难解释这种情况，因而只能对妈妈说："我不想学跆拳道了。"

妈妈很难完全理解孩子的内心世界，但是站在孩子的角度，妈妈在不了解自己的情况下，就不分青红皂白地说"不行，开始了就要坚持到底"，这时孩子会怎么想呢？孩子不仅会埋怨妈妈不理解自己，而且还找不到解决问题的方法，只能咬着牙痛苦坚持。因此，妈妈一定要分析孩子的情况，挖掘孩子想要放弃的具体原因，并给予孩子有针对性的帮助。

培养孩子恒心的最好方法就是妈妈以身作则，向孩子展示持之以恒的态度，比如对某项课题的忍耐和坚持。孩子不仅会观察妈妈一时的行为、选择和判断，更会学习父母整体的生活态度。如果妈妈从来不去追逐梦想，而是常常向现实妥协、发泄不满，那么孩子的生活态度也将大同小异。但如果妈妈勇于挑战，哪怕是很小的事情也竭尽全力去做的话，孩子也会学习这样的生活态度。

妈妈的说话之道 2　如何培养孩子的自尊

➤ 孩子情绪不稳定时，心理就倾向于回到更小的时候。如果想了解孩子的内心，妈妈可以轻柔地对孩子说："妈妈想听听你的事情，等一会儿冷静下来了，和妈妈说说好不好？妈妈等着你。"

➤ 绝对不能批评常常看别人眼色的孩子。这样的性格是有优点的，这表示孩子能够体察他人的感情。妈妈要承认孩子性格的优点，而对过度察言观色的担忧，妈妈应当用孩子可以听得进去的语言适当地说明。

➤ 孩子想要准确表达"喜欢"或"爱"时，往往会采用对比的方式。请不要被孩子对比的表达方式欺骗，不要在两个孩子中做出选择。

➤ 即将上小学的儿童面临巨大的压力。为应对陌生的未来所带来的不安，孩子可能会出现返婴行为，这是正常的心理防御机制。

➤ 孩子发脾气实质上是在寻求妈妈的安慰，不要批评孩子，也不要催促孩子回归正常，最好让孩子知道妈妈能够理解他。

➤ 孩子会通过不断的挑战和放弃来判断自己的才能。因此，孩子想放弃时，妈妈要探究孩子具体经受了怎样的挫折，针对原因给予帮助。

第三章

培养孩子
做情绪的主人

孩子耍赖时
要制定规则

如何教育
耍赖皮的孩子？

　　将稚嫩的儿童养育成人是世界上最有意义和最伟大的事情之一。妈妈是孩子成长全过程的参与者，每一段旅程中，妈妈都希望能够做到尽善尽美。但是如果妈妈没有做好心理准备或是缺乏养育孩子的知识的话，养育孩子的过程是不会一帆风顺的。当然妈妈都会倍加疼爱自己的孩子，但并不是说只要倍加疼爱孩子，养育就是成功的。要知道，养育孩子的过程中有时也需要"唱红脸"。

　　每个妈妈当妈妈之前，都曾是一个独立女性，仅需对自己负责即可。突然有一天成为妈妈，这就意味着肩上承担了重大的责任。成为妈妈以后，没有老师在身边教导如何成为合格的妈妈，因此妈妈常常会怀疑自己的教育方式是否正确，甚至每天数十次自问："我有做妈妈的资格吗？"

更让人不安的是，在养育孩子的过程中，妈妈的缺点会逐渐暴露。甚至有些曾引以为傲的优点，在养育子女时反而会成为缺点。有时候妈妈甚至需要改变持续了二三十年的性格、说话方式和表情。

举个例子吧。东河妈妈性格文静，不太擅长拒绝别人。结婚前，她是别人的女儿、别人深爱的恋人、别人的同事或前辈。生活中，她善于倾听他人的意见，这本是她的优点，她沉稳和安静的性格也得到很多人的认可。但成为妈妈后，她想满足孩子的一切需求，她觉得自己的性格太软弱了。孩子听老师的话，却不听妈妈的话。

东河出生时体重只有 2.7 千克，体重偏轻。他是个敏感的孩子，不好好吃东西，一旦哭起来怎么哄都没有用。现在他已经 4 岁了，但相比同龄的孩子，他个头矮小，而且还时常跟妈妈要赖，这让妈妈很担心。

每次去超市，东河肯定要缠着妈妈买冰激凌，但东河妈妈依然不愿意把他留在家里，所以今天又带着东河去了超市。东河妈妈本想买一些晚饭食材就早点回家，但东河又缠着妈妈买冰激凌。妈妈给他买了冰激凌，结果东河吃不下去晚饭了。凌晨两三点左右，东河醒来觉得肚子不舒服，又会再次耍赖要吃冰激凌。他吃完冰激凌后，牙也不刷就上床继续睡觉。

这样的状况已经持续了一个多月，东河得了虫牙不得已接受了治疗，今后还需要持续治疗下去。不善拒绝的妈妈感觉现在的东河好像比自己更加强硬，这让妈妈对未来感到担心。

我和东河妈妈聊天时，东河妈妈情绪十分激动。她的心里有多么难受可想而知。东河耍赖时，东河妈妈觉得自己十分窝囊，因为自己宠溺孩子，导致东河的成长出现了问题，东河妈妈的内心又该多么不安？东河妈妈后悔让孩子吃了第一个冰激凌，不然孩子也不需要治疗，东河的妈妈心中又该多么内疚？

一次只制定一项规则

耍赖皮是孩子的天性。如果孩子从不要赖就乖乖睡觉，这反而说明孩子出了问题。这可能是孩子迫于父母的强压，不敢真实地表露情感；或者是由于父母过分宠溺，孩子即使无须耍赖，也能获得一切想要的。

孩子耍赖意味着他开始有了自己的看法，并尝试自我表达。但孩子尚不能辨别是非，没有规则意识，所以常常采取耍赖的方式。问题的关键在于孩子耍赖时，妈妈应该以怎样的方式来应对。可以说，教育耍赖的孩子，需要妈妈学会"训育"。

让我们以东河妈妈的情况为例，学习一下如何应对孩子耍赖。妈妈不应过分宠溺孩子，而是要教给孩子规则。

孩子尚未形成完整的规则意识，因而他们的行为往往是基于本能冲动。妈妈作为孩子的监护人，这时绝不能采取放任的态度，而应该利用好自己的性格优点，学习训育所需要的方法和态度。

训育是妈妈最重要的责任之一，妈妈需要明晰并运用正确的理念、时机和态度，才能使训育取得良好效果。妈妈要做的就是在实践中帮助孩子认识哪些事可以做，哪些事不能做。有些妈妈认为"好孩子都听妈妈的话，不听妈妈话的是坏孩子"，这样的认识其实是错误的。幼龄儿童会听妈妈的话，但随着孩子年龄的增长，他会变得越来越叛逆，越是妈妈说不能做的反而越想尝试。

把握训育的时机很关键。孩子从 24 个月大时就开始能听懂话了，如果孩子因为同一件事耍赖 2～3 次或更多次，那妈妈就有必要制定规则了。假设连续两三天孩子在早饭、午饭、晚饭前耍赖要吃冰激凌，那么这时妈妈就应该制定一个关于冰激凌的简单规则。

当妈妈判断出此刻正是训育的绝佳时机时，有些妈妈就会对孩子说："不行，从今天开始每天就只能吃一个冰激凌，所以今天的等午饭后再吃吧。"但是，这样直接拒绝孩子的方式是不恰当的。妈妈应该像平时一样拿出冰激凌，这时再向孩子提出规则。因为孩子到昨天为止都可以得到妈妈的冰激凌，今天突然得不到了，孩子可能会心情烦躁。而在孩子心情烦躁的情况下，妈妈是无法和孩子达成协议、制定规则的。所以妈妈最好还是先拿出冰激凌，再对孩子提出规则。

妈妈：（拿着冰激凌）妈妈给你冰激凌之前，和妈妈做个约定吧！最近妈妈看到你每天吃饭前都要吃冰激凌，但是吃多了会吃坏肚子，还会生蛀牙，所以不能吃这么多。从今天开始，每天只能吃一个，好不好？（这时，孩子往往由于马上可以吃到冰激凌的喜悦，答应协议）那么现在吃的话，今天中午和晚上都不能吃，明天才可以再吃，可以吗？

要记住的是，制定新规则时，每次制定一个即可。例如，假设有个孩子每顿饭前都要吃冰激凌。妈妈和他制定规则：每天只能吃一个，而且不能饭前吃。这两项规则对孩子来说完成起来过于困难，因此妈妈制定规则时应该充分考虑到孩子能否完成。

制定了新规则，之后最重要的就是让孩子遵守规则了。妈妈不仅要监督孩子遵守规则，还应该在孩子遵守规则时给予称赞。比如孩子早上吃了一个冰激凌，今天不能再吃了，那么孩子的爸爸、姐姐今天最好也都不再吃冰激凌，爸爸下班时也不应该再买冰激凌回来，否则可能会对孩子造成诱惑。还有，午饭和晚饭时孩子可能会习惯性地想吃冰激凌，这时可以给予孩子其他补偿。比如在那个时间里陪伴孩子一同玩耍，这可以让孩子增强耐性。同时还要记得时常鼓励孩子，为他的坚持加油。

明确外出的原因和目的

如果孩子一去超市就闹着买玩具，妈妈需要反思以下几点：

1. 是不是在妈妈心中"超市＝购物"，但孩子心中

"超市＝买玩具"？如果孩子真的这样认为，那他去超市以后必然会想要买玩具的。所以在去超市之前，妈妈应该向孩子明确去超市的原因和目的。这样孩子可以在一定程度上做好心理准备，减少耍赖的次数。

2. 回想一下是否曾与孩子制定过关于买玩具的规则。例如，儿童节、生日、新年等日子，或是妈妈发工资的日子要给孩子买玩具等。如果妈妈没有就什么日子可以买玩具定下规则，而是想到就买或者是孩子耍赖就买的话，以后孩子耍赖可能会变得越来越严重。

3. 平时妈妈应该经常对孩子微笑，这有利于提升"训育"的效果。妈妈的微笑可能成为允许孩子继续某一行为的信号。而当孩子看到妈妈面无表情时，孩子也会解读为停止错误行为的信号。

比如说，今天不是约定去超市买玩具的日子。孩子知道这一点，却还是耍赖要求买玩具，这时妈妈可以收起微笑的表情，在2～3秒钟内保持安静，用坚决的眼神望着孩子的眼睛。孩子一看妈妈的表情，就知道"再闹也没用了"。但是如果平时妈妈就很少微笑，常常面无表情，那么只有妈妈大声训斥孩子时，孩子才能知道妈妈生气了；如果妈妈平时就经常大喊大叫，那或许只有体罚孩子时，孩子才能知道耍赖是错误的。

　　妈妈有时需要向宠爱的孩子表现出坚决的态度。不能因为孩子耍赖撒娇就满足孩子的一切需求。妈妈不需要打骂孩子，但是要态度坚决，为此妈妈有必要进行适当的练习。

通过提问的方式
了解孩子的情绪

如何调节
孩子的负面情绪？

你小时候听过这些话吗？

"就为这点小事情在大人面前发脾气？""别上火了，别生气了！"……生气是一种人人都会遇到的负面情绪，世上有从不生气的人吗？恐怕没有经历过长期修行的普通人都会生气吧！人类从婴幼儿时期开始产生情绪，情绪自然也有正面和负面之分。每个人都有表达自己情绪的本能，生气正是其中的一种。

孩子也和成人一样会生气。但是如果负面情绪的程度可以用1到100来表示，孩子则不能正确认识自己的负面情绪处于怎样的程度。同时孩子还缺乏使用适当方式缓解负面情绪的经验。这些都导致了孩子在生气时会比成人更加激烈。

让我们举一个成年人的例子。有三件事：第一件是一个人玩石头剪刀布输了，所以午饭时间他一个人替大家跑腿；第二件是一个人丢了钱包，但是钱包里的钱并不多；第三件是一个人因为堵车错过了重要的面试。这三件事情都可能让人产生负面情绪。

对成年人来说，第一件事虽然让自己失去了午休时间，但并不会感到特别生气，特别是对精力充沛的人来说，他甚至将其当成志愿服务而乐在其中；丢失钱包的事与前一件事相比，可能会让人产生更多的不快、烦躁等消极情绪，但尽管如此，人们也会安慰自己"我自己丢的，能怪谁呢"；第三件事就不同了，自己没有做错任何事，却因为客观原因致使面试失败，可能会有人对此大发雷霆。

同是负面情绪，程度可能会有所不同。一般情况下，较低程度负面情绪和较高程度负面情绪的表达方式会有细微差异。我们来通过一些词语体会一下负面情绪的程度。

遗憾＜烦人

难过＜伤心

不爽＜气炸了

心里不是滋味＜气不打一处来

懒＜疲劳

不好意思＜尴尬

焦急＜羞愧

失望＜失败

对一个身心健康的成年人来说，他知道这些负面情绪的词汇应该在什么场合下使用，换句话说，成年人可以区分负面情绪的程度。同样，成年人也知道如何处理不同程度的负面情绪。比如沮丧时听听音乐，烦躁时则吃顿美食。但是对孩子来说，他们对这些词的意义是很陌生的。在很多情况下，孩子不知道应该怎么表达情绪的程度，也不知道如何缓解负面情绪。

尽量细致地表达情绪

妈妈和孩子沟通时应尽量多使用一些表达情绪的词汇。

很多 3 ~ 4 岁的孩子把陌生感表述为"害怕"，这正是因为孩子还不能区分不同场合下不同情感之间的差异。孩子知道的负面情绪词汇有限，因此将负面情绪全部用"害怕"来概括。也就是说，很多情况下孩子的"害怕"与成人的"害怕"不同。如果妈妈能根据情况尽可能更加细致地表达情绪，那么孩子的情绪表达也会逐渐细化。

例如，家里突然停电，屋子里变得一片漆黑。当孩子说"我害怕"时，妈妈不要说"别怕"，而应该说"突然停电了，是不是有点不知所措"；当孩子来到陌生的地方说"害怕"时，妈妈则应该说"来到新地方，感到很陌生吧"；当孩子首次上舞台表演时，妈妈应该说"第一次上舞台跳舞，可能会有些尴尬"……这样孩子可以通过妈妈的话，认识到他的感受，并可以通过比较不同情绪间的差异获得调节情绪的能力。

情绪是应该表达出来的。不要说"别生气""生气的是坏孩子"，而应该问孩子"是不是有什么伤心事"。另外，可以询问孩子"你有多生气呀？用数字表示是 1 还是 10"，从而引导孩子比较与之前负面情绪的程度差异。这样孩子会渐渐意识到生气不意味着就要大喊大叫，而要客观认识自己的情绪，并根据情况采取适当的方式调整。

了解情绪有助于培养情绪调节能力

6岁的东元正在用积木搭房子，可是不管怎么做，房子总是会倒塌。看着搭了一半的房子，东元跺着脚第一次骂出了脏话，脸上一副要哭的表情。东元妈妈正在洗碗，听到东元发脾气的声音就跑了过来。

> **妈妈：** 看来搭积木不是很顺利呀！（读懂了孩子内心）是哪里出问题啦？（详细了解情况）
>
> **东元：** 我本来想这样搭，但这样总是会倒！（踢了一脚积木）
>
> **妈妈：** （靠近闹情绪的东元）东元，过来。是不是本来想给妈妈展示一间漂亮的房子，可房子总是倒塌，所以生气啦？（抚摸东元的头）东元好像很生气呀？你有多生气呀？用数字表示的话是5还是10？上次你弟弟不是把你的作品撕掉了嘛，比那次还生气吗？（引导东元分析理解自己的生气程度）
>
> **东元：** 可能更生气吧，可能是6。
>
> **妈妈：** 比弟弟弄坏作品更生气呀？
>
> **东元：** 弟弟是小孩嘛，他不知道那是我的作品……

妈妈： 好，我知道东元现在有多生气了。（对孩子的情绪表示认可）但是不能生气了就用脚踢。你想想真的要放弃吗？（给孩子时间自己思考）妈妈洗完碗后可以帮助你，要不要和妈妈一起再试试？（提示孩子该如何做）那么妈妈洗碗时，你先整理一下积木好吗？

有些妈妈可能会认为，孩子生气了，只要安慰一下就可以了，为什么一定要问他生气的程度，还要用数字表示呢？请回忆一下，你是否曾遇到过愤怒调节障碍患者？他们无法判断自己的愤怒程度，常常做出不符合情况的过激行为，生活中备受折磨……

如果负面情绪的数值为 1，那么伤心的数值也为 1，你只要解决数值为 1 的问题即可。其实生活中负面情绪的数值为 10 的情况非常少见，但是不能正确认识自己情绪的人，稍微有点事情引起了负面情绪，他愤怒的数值可能就会突破 10 了。

妈妈需要帮助孩子从幼儿期开始学会认识自己的情绪并使用适当的方式表达。要记住，能正确认识自己情绪的孩子，不仅会心思细腻善于共情，还会建立较强的自尊。

信守规则，灵活变通

如何才能让孩子遵守规则？

　　法律法规是社会上所有人共同缔结的契约。社会契约对协调人与人之间的需求和价值观、维持社会秩序、促进社会和谐至关重要。如果没有社会契约，人的生命安全将难以得到保障。这是因为倘若没有社会契约，解决人与人之间矛盾的基准也不复存在，这会造成极大的社会混乱，甚至会导致社会秩序崩塌，舒适幸福的生活更无从谈起了。

　　培养孩子实质上是培养孩子能够融入社会。父母应该教导孩子认知可为和不可为的事情，并引导孩子实践。孩子的思维方式一般是以自我为中心的，而且容易冲动。如果父母不能教给孩子规则或社会公序良俗，孩子将很难在社会上生存。

人们往往不喜欢以自我为中心、从不关心他人的人，所有人都希望在各种各样的人际关系中得到认可，获得他人的喜爱。为此，妈妈需要逐步帮助孩子熟知社会规范，从遵守一些小约定做起，逐渐成长为一个合格的社会人。

很多育儿专家都根据孩子发育水平，提出了孩子需要学习和实践的小规则。例如，在孩子 24 个月大左右时，妈妈可以教他们不要在吃饭时到处乱跑、出门回家要注意卫生勤洗手等。这些日常的小规则都有利于孩子形成一些基本的健康生活习惯。

从幼儿园生活开始，孩子要遵守的规则也将逐渐增加。为了能和幼儿园小朋友们愉快地生活、玩耍，孩子需要在不同的场合遵守各种各样的规则。比如，不能伤害或妨害他人、要保护好自己等。另外，家庭或公共场所的规则、与小朋友玩耍的规则、交通安全规则、游乐场的规则等，这些都是孩子在生活环境中应该遵守的规则。

父母要以身作则、信守规则

想让孩子熟知规则、养成良好的习惯，大人也需要采取正确的教育方法和思路。最基本的教育思路是强化孩子正确的行为，并对错误的行为给予一定惩罚。为了使教育取得成效，最重要的是家长对孩子予以信任和家长以身作则、信守规则的态度。下面是一些父母言行不一的事例，这些情况会让孩子心中产生疑惑。

爸爸说要戒烟，却偷偷地抽烟。

妈妈平时很温柔，但是当我犯错时过于严苛。

妈妈答应晚上陪我玩，但晚上妈妈又因为太累说明天再玩。

妈妈说好再也不生气了，然而现在又发起脾气，大喊大叫。

家庭是个微缩的社会，如果在微缩的社会中共同缔结的规则被轻易地打破，那么孩子将来在真正的社会中可能也无法认同规则的重要性，丧失调节社会行为的能力。相反，如果在家庭中信守小规则，孩子心中就会产生信任和安全感，未来将以此为基础努力遵守社会规则。

根据实际情况灵活变通

遵守规则固然非常重要，但并不意味着不能变通。一方面强调遵守规则，另一方面又要求灵活变通，听起来似乎是自相矛盾的。但是在社会生活中，如果一味遵守规则而不允许任何变通的话，人类的生活将变得死板而冷漠。这会导致越来越多的人由于对规则产生怀疑，最终背弃这些规则。

如果动辄向年幼的孩子过分强调规则的重要性，反而会影响亲子关系。孩子会认为规则一旦被制定，就必须遵守到底，而不能有任何变通。孩子常常会说："我好冤枉，妈妈有时候也不遵守规则，妈妈想怎么说就怎么说。"这就是妈妈太过于强调规则的重要性了。

比如，一个孩子和妈妈约定每天要做两页练习册，无论发生什么都要完成；另一个孩子则约定每天只吃一块糖。当然，如果孩子都能遵守这些约定最好，只是很遗憾，世界上没有孩子能够遵守自己所有的承诺。不仅是孩子，哪怕成年人也难以遵守自己所有的承诺。

5岁的敏熙和妈妈约定每天只吃一个冰激凌，但是上午敏熙就把冰激凌吃掉了。下午敏熙和妈妈去游乐场玩，遇到了三个同班同学，其中有一个是智敏。

智敏妈妈：我买了冰激凌，敏熙要来一个吗？

敏熙：（看着妈妈）我可以吃一个吗？

敏熙妈妈：你说呢？我们约定好了一天只吃一个冰激凌，你早上已经吃过了。

结果，智敏能吃到冰激凌，而敏熙则只能望着朋友们吃。敏熙在游乐场玩时感觉很热，鞋子里还进了沙子，她觉得没意思，心里烦躁不已，然后就悻悻地先回家了。

虽然孩子应当遵守约定，但如果情况发生变化，也应当有所变通。其他同学都在吃冰激凌，只有敏熙自己不能吃，她心里是很难受的。另外，敏熙妈妈还漏掉了一件重要的事，那就是共情。如果妈妈能够与敏熙共情，既让孩子遵守规则，又不失变通的话，是不是会更好呢？

在社会生活中也不乏死板的人。让孩子遵守规则的目的是培养孩子调节和控制行为的能力，以更好地适应社会。而能更好适应社会的孩子往往会根据不同的情境和对象做出不同的判断，能够灵活变通，具备解决复杂问题的能力。同时，这些孩子还具有理解他人内心的共情能力。如果否认情境和对象的复杂性，只是机械地遵守规则，那么孩子的社会属性也很难发展到更高水平。

遵守规则的同时灵活变通，说起来容易，实际做起来很难。解决矛盾和纠正孩子的错误行为时，并没有唯一的正确答案。隔壁的妈妈教育孩子很成功，但是照搬隔壁妈妈的教育方式未必就能在自己的孩子身上获得同样的成功。

聪明的妈妈注重孩子的内心世界，永远对孩子敞开心扉。妈妈应该确定几项教育孩子的基本原则并坚持下去，并在生活中根据不同情况进行灵活处理，这样方能取得良好效果。

育儿
小技巧

当孩子不遵守与妈妈制定的规则时，可以尝试一下"四阶段对话法"。

① 与孩子共情

"小朋友们都在吃冰激凌了，敏熙也想吃了吧？"

② 帮助孩子分析客观情况

"但是敏熙和妈妈约定每天只吃一个，早晨已经吃过了。"

③ 与孩子共同寻找合理的解决方案

"现在吃的话今天就吃两个了，怎么办呢？要不今天再吃一个，明天就不吃了可以吗？或者今天先忍耐一下，等到明天再吃？"

④ 尊重孩子的选择

无论孩子做出怎样的选择都应该尊重孩子，这很重要。只要不是太严重的问题，就不必过于担心。

用提问培养孩子的
学习兴趣

如何培养
孩子对学习的兴趣？ _____

　　在赫上小学三年级了。在赫的妈妈是大学数学学院的院长，很关心在赫的学习。但是在赫不太喜欢学习，在学校生活中也比较没有自信心和胜负欲。有一天在赫妈妈接到学校的电话，说在赫没有来上学。在赫妈妈非常担心，将小区和学校仔仔细细搜索了一遍，终于在游乐场发现了在赫，他正在一旁看着朋友们玩耍。在赫妈妈这才松了一口气，她带在赫回家，试图与他沟通。

妈妈： 为什么去看朋友们玩啊？你自己怎么没有玩？

在赫： （没有回答）

妈妈： 你现在三年级了，但你还不会九九乘法口诀，加法减法都经常算错，你准备怎么办啊？哪有人还学不会九九乘法口诀？（在赫一言不发，深深地低下了头）你以后到社会上看看，上学时是最幸福的，世界上哪有什么事比学习更容易？只要你集中精力学习就能学好，为什么不好好学习呢？

在韩国，学习是亲子关系中绝对绕不开的话题。每年电视上都会播出很多以学习为题材的电视剧、综艺节目，学习也是妈妈们聊天的核心话题之一。

一般从孩子上小学开始，父母与孩子就会围绕学习的问题产生矛盾。这时，一些多一两年育儿经验的妈妈们就会给出很多经验之谈，比如"如果孩子在一二年级时没有养成良好学习习惯的话，上三四年级时就跟不上了"等。听到这些话，很多妈妈的内心就开始不安了，进而忽视了孩子的水平和兴趣，只是觉得应该让孩子养成良好的学习习惯，因此为孩子制定了一系列规则。从这时起，妈妈之间的战争开始了，妈妈都希望自己的孩子有良好的学习习惯，超越其他同龄人。妈妈们基于自己的兴趣，为孩子安排每学年的必读书目，从而和孩子也产生了矛盾。

不可否认，在韩国社会，好好学习必然会有很多好处，妈妈也理所当然地想让孩子获得更多。就像很多妈妈说的那样，进入社会之后，想在重重竞争中成功就业绝对不是件容易的事情。即使找到了好工作，职场求生却更加艰难。因此，妈妈站在"过来人"的立场上，很自然地认为学生时期是人生中最美好的时期、学习是最简单的事情。

但是回想一下自己的学生生涯，妈妈也应该知道，学习好也并不是一件容易的事。孩子也很清楚，如果学习好，就能得到更多赞扬和自由时间，因此每个孩子都希望自己学习好，但很多孩子做不到。

以在赫为例，无论在赫妈妈怎么强调好好学习的理由，在赫都很难如妈妈所愿。这是因为在赫在学校生活中缺乏自信心和胜负欲，学习本身对他来说没有吸引力。另外从他不按时去学校的行为来看，他缺乏自控力，而学习恰恰又是很需要自控力的。

满足孩子的基本需求，
孩子方能产生学习的动机

美国著名社会心理学家亚伯拉罕·马斯洛提出了需求层次理论，将人的需求分为了五个层级。根据这个理论，高级需求出现之前，必须先满足低级的需求。

而学习与求知的需求，属于自我实现需要，是最高的层级。换句话说，最低级的需求是生理需要（解决衣食住行），之后分别是安全需要（解决不安感）、归属和爱的需要（从家人和朋友处获得归属感和爱）、尊重需要（想要得到认可），只有这四个层次的需求得到满足，孩子才会产生想要学习的想法。

令人遗憾的是，对在学校生活中缺乏自信心和胜负欲的在赫来说，他的归属和爱的需要、尊重需要尚未得到满足，因此他难以产生更高层级的学习愿望。

如果硬是要让这些没有做好心理准备的孩子学习，那么不仅妈妈的唠叨越来越多，问题也会随之而来。

"现在就是努力学习的时候，努力学习才能成为优秀的人。"

"如果你想做你喜欢的事，现在就得好好学习，这样才有机会。"

"学会的东西是你自己的，人生的意义就在学习。"

"考这个成绩还能睡得着？现在辛苦只是暂时的，学不好就会辛苦一辈子了。"

"尽力学了吗？努力是绝对不会背叛你的。"

"小时候不学英语，将来就跟不上了。"

"学成这样，以后靠什么吃饭？"

　　一提到学习，妈妈就会唠叨，亲子间就会产生矛盾，亲子间的关系也会渐行渐远。虽然妈妈是出于好意，希望孩子过得更好，但这些话会在孩子心中留下伤口。

　　妈妈关于学习的很多教诲，孩子是难以理解的，这可能反而会影响孩子对妈妈的信赖。

问一问孩子今天学到了什么

　　在妈妈们出生的 20 世纪，人只要好好学习，就能找到理想的职业，获得社会地位或稳定的收入。但孩子今天所处的时代并非如此。特别是孩子们会常常访问视频网站和追星，这让他们认为只要做自己喜欢的事情就是幸福的。

与孩子的亲眼所见和亲身经历相比，妈妈的话无法让孩子信服。时代改变了，妈妈如果还用过时的思维来唠叨孩子，事实上是不可能说服孩子的。

如果妈妈因为学习问题和孩子产生隔阂或矛盾频发的话，就将学习的事交给孩子自己吧！除此之外，请尝试满足孩子的低级需求，而不是强行让孩子坐在书桌前。同时，也要让孩子重新思考一下学习的意义。

在今天这个时代，进入大学并不意味着成功。这是一个终生学习的时代，我们要不断适应新变化，不断学习新知识。但是，如果对学习没有兴趣，就无法适应这个时代。如果希望孩子能乐于学习，那在学习之前首先要促进孩子的成长。

孩子在当下所想、所经历的，其实都是一种人生的学习。哪怕是教科书中没有的内容，或者是些看似零碎的小事，也都会促进孩子的成长。妈妈可以问问孩子"今天有什么特别的事""今天你学到了什么，有什么想法"，然后鼓励孩子"学到了很多东西嘛，这些经验都会成为你人生的财富"。

这个时代，孩子的成绩单不再代表妈妈的自尊心和脸面。同时，只学会教科书上的内容也无法保障孩子人生的幸福。希望妈妈们不要因为学习破坏与孩子之间的亲子关系！

表扬可以提高孩子的专注力

如何帮助专注力差的孩子集中注意力？————————

　　小学一年级的智孝喜欢绘画、手工、弹钢琴。画画时，她睁着大眼睛，别人跟她说话，她都听不见，经常一个小时都不动一下。因此，智孝妈妈认为智孝能够集中注意力，是个专注的孩子。但是，当智孝做数学题时，她的表现就完全不同了。

　　从开始做数学题时，智孝就愁眉不展，好不容易哄她坐下，她也会找各种借口离开。虽然平时智孝和妈妈关系很好，但在做数学题时，妈妈总是在叹气、唠叨、使眼色，与智孝之间矛盾不断。

智孝：（两条腿放在椅子上，半蹲半坐）

妈妈：把腿放下来，好好坐着。

智孝：（瞪着妈妈）已经坐直了。

妈妈：（拿出作业本）今天的作业是哪些？

智孝：（不回答，玩铅笔）

妈妈：是这些吗？你这样妈妈也很烦，反正作业都是要做的，就快点做完吧。你没问题的，快打开作业本吧。

智孝：（虽然嘟囔着打开了作业本，但是连看都不看）不知道，太难了。

妈妈：还没开始呢，有什么难的。这些题之前你和妈妈一起做过。你能做出来的，试试看。

智孝：（哭丧着脸）做到哪个题啊？

妈妈：作业都要做。现在才一年级，怎么就不喜欢学习了呢！

智孝：（发火）这要做到什么时候！

妈妈：那就别做了，停吧！（走向客厅去）

智孝从第一道题开始就不断为自己找借口："现在注意

力不集中，一会儿再做""困了""妈妈怎么不学习？"……
终于妈妈忍无可忍地大声叫了出来，走出了房间。看到妈妈生气的样子，智孝很难过，一个人在房间里流泪。

在妈妈看来，这些题目量不多，难度也不大，可孩子连尝试都没有尝试就抱怨太难了、太多了。平时做自己喜欢的事情时，孩子都可以将注意力集中1个小时以上，但学习时连10分钟都坐不住。看到这种情况，妈妈甚至想，"这还是自己的孩子吗？"就这样，希望孩子学习的妈妈和拒绝学习的孩子之间渐渐疏远了。

妈妈其实并不希望孩子整天学习，只是希望孩子能学出成绩罢了。如果孩子通过短时间的学习就可以取得好成绩，那么妈妈和孩子之间关于学习的矛盾也就会少很多了。而短时间就能取得好成绩的关键在于学习效率，学习效率的关键又在于专注力。

专注力需要依靠人心灵和精神的复杂力量，而难以通过吃药、阅读或饮食改变。但是，通过了解专注力的构成要素，认识评价专注力的标准，我们可以找到集中注意力更为有效的方法。

专注力主要有四大构成要素：坚持完成任务的恒心；排除外部干扰因素的能力；将心灵和精神集中于任务的聚焦能力；将新任务与已有知识联系起来的迁移能力。

评估专注力时环境和外部条件也是非常重要的。换句话说，如果孩子面对陌生的事物而非喜爱的领域时，也能够集中注意力，那才能说明孩子具有较高的专注力。比如，奶奶陪孙子看电视，然后说"我们孙子的专注力很棒，看电视时都注意不到旁边的动静"。但要想准确判断孩子的专注力，需要在孩子不感兴趣的领域，也获得同样的结果。

很多妈妈在孩子上幼儿园时对专注力并不上心，但自从孩子开始上学，就突然为此大为苦恼，这主要是因为孩子所处的环境发生了变化。幼儿园时期，孩子可以选择自己喜欢的游戏来玩，因此没有必要担心孩子注意力不集中。但是上学后，孩子需要听老师的话，学习的内容也不是自己喜欢的领域，这时就会表现出专注力的差异。

给予孩子正面反馈可以激发孩子的兴趣

专注力是一个比较抽象的概念，是一个复杂的精神过程，因此我们有必要了解构成专注力的要素。正如创造力这一抽象概念，我们常常将创造力具体为敏感、流畅、灵活、独创、精巧等多个要素。同样，当我们把专注力拆分成具体要素，再分别进行训练，就能实现提高孩子专注力的目标了。

专注力的第一个要素是恒心。为了培养孩子坚持到底的恒心，妈妈的表扬非常重要。比如在孩子背九九乘法口诀时，妈妈不要说"怎么才背到4"，而要说"这么快都背到4了"，给予孩子正面反馈会收到良好的效果。妈妈的表扬也需要真诚，如果妈妈总是敷衍式地称赞几句的话，那么未来妈妈的表扬将会失去效果。

妈妈还可以尝试逐步丰富表扬层次的方法。例如，对喜欢画画的孩子不要简单地评价为"画得好"，而是首先说第一层"哇，你画的大海好漂亮啊"，之后再说第二层"大海中好像还游着鲸鱼和章鱼"，再接着说第三层"晚上给爸爸看看，爸爸一定很喜欢"，最后说第四层"怎么想到画这样一幅画的"。

以上妈妈的表扬从整体到局部，从当下的感受到未来，这有助于激发孩子继续努力的动力，未来孩子很有可能继续努力画画。同时，请记住，对孩子而言，与其让他们做一些困难的、没兴趣的事情，倒不如给他们机会，让他们把自己喜欢的事情一直做下去，这样更有利于培养孩子的恒心。

专注力的第二个要素是排除外部干扰因素的能力。例如，孩子在学习时会问妈妈"今晚是不是吃咖喱""谁来了"，然后经常跑出自己的房间；或者上课时对老师说"老师，那边刚跑过去一只猫"等。有些孩子会对外部视觉、听觉、嗅觉等刺激敏感，并立刻在行为上做出反应。这正是孩子排除外部干扰因素的能力不足的体现。

排除外部干扰因素的能力决定了孩子是否能控制好自己的感官和行为。例如自己收拾玩具、不去餐厅或银行等公共场所闲逛、放下想买的玩具等，这些都有助于培养孩子的自控能力。当孩子的自控力逐渐增强之后，即使在学习的过程中突然受到了外部刺激，他也会说"啊，现在是学习时间"，根据情况控制自己的行为。因此，妈妈在培养孩子的学习习惯之前，应该先给孩子提供练习的机会，通过生活中的小事情，让孩子学会根据情况控制自己的行为。

专注力的第三个要素是聚焦能力。人有时会受到好奇心的驱使，从而完全沉浸于某件事当中。沉浸，意味着自由和幸福的开始，这是很多人可望而不可即的。每当我们看到一个人在同一领域深耕几十年、不断取得进步时，就会评价他为自由、幸福、很酷。当一个人专注于某事时，他会感到无比的喜悦，意识到生命的价值，并获得人生的前进动力。相反，如果一个人始终不能专注于某事，对任何事情都不感兴趣，那他也难以感受到生活的希望和价值。

想要沉浸于某事，只要发掘人类与生俱来的好奇心即可。任何人都曾有过沉浸的体验，因此这一要素相比其他更容易获得。但前提是，当孩子沉浸于某事，花大量时间尝试某事时，妈妈不要干扰和打断孩子。例如，一个孩子每天都喜欢观察蚯蚓，妈妈却对此持否定态度，对孩子说"妈妈很讨厌蚯蚓"；再比如，另一个孩子喜欢长时间拼乐高积木，并沉浸其中，妈妈却说"还要继续玩吗"。这将影响孩子聚焦能力的形成。

专注力的最后一个要素是将新事物和现有知识联系起来的迁移能力。有些孩子能够很快就记住学习过的知识，并在生活中活学活用，面对新问题也勇于提问。这正是迁移能力的体现。

迁移能力强的孩子一旦习得新知识，就会瞬间在脑中将其区别为"已知的"和"未知的"。之后将已知的知识吸收内化，将未知的知识与已知的知识进行比较，找出共同点和不同点，将新知识储存入大脑里的新空间。这些孩子善于在大脑中划分空间，整理知识，因此他们不仅能马上记住新知识，而且能消化大量的知识，随时随地都能活学活用，学习效率非常高。

迁移能力是可以通过后天努力培养的，妈妈应该在这方面给予孩子帮助。其实，迁移能力的形成和人与人之间的沟通过程非常相似，两者都是需要倾听、形成共识和调节控制的过程。因此，在与孩子每天的日常对话中，妈妈要能够倾听孩子，与孩子共情并做出适当的调节。通过这些日常生活中的小努力，妈妈就可以帮助孩子提高专注力了。

关掉手机，
与孩子共度时光

孩子与手机的战争

有一个问题常常让妈妈们费解：

妈妈养我时没有特别费心，但我也健康地长大了。现在年轻的妈妈们比以前更加费心培养孩子，孩子们反而不像以前那么纯粹，常常没耐心、自私……为什么会这样呢？

事实确实如此！确实现在有很多孩子不像以前那样纯粹了。为什么会这样呢？这是因为现在孩子们的成长环境与以前大不相同，主要表现在两个方面：视频媒体和过度期待。

有些妈妈也意识到视频媒体对孩子有负面影响，因此干脆不在家中安装电视。还有很多妈妈为了不让孩子看手机而费尽心思。但在日常生活中，很多妈妈并不这样认为。

"玩大概一个小时没问题的，我这么大时也看了很多漫画。"

"妈妈也得有时间吃饭啊。"

"比起在饭店里吵闹，玩手机不是更好吗？"

"我扔垃圾的那一会儿孩子看看手机能怎么样？"

"手机里的内容对孩子是有益的，有教育意义，没关系。"

"孩子看看童话、听听儿歌也不是坏事吧！"

"现在哪有不玩手机的孩子？"

"反正早晚都会用手机的。"

有一天，一位妈妈带着 18 个月大的孩子来到咨询室，想要咨询关于孩子哥哥的问题。咨询一开始，妈妈就自然地拿出手机交给了孩子。我看到一个 18 个月大的孩子在网上找到自己喜欢的视频点开观看，真的很吃惊。

让我们来了解一下孩子的手机"中毒"。这种情况往往始于家庭内部，并且无论父母怎么说手机不好、不能玩都没有效果。当父母无聊时，常常会拿起手机，这时孩子就会好奇"那是什么，妈妈经常看"。在妈妈去卫生间时，无意间将手机交给了孩子，一段短视频可能就在这很短的时间里俘获了孩子的眼睛和心灵。

很多视频是依据孩子的注意力集中时间、兴趣爱好而专门设计制作的。为了抓住孩子的眼球，视频里设计了有趣的人物、快速转换的场景、强烈的视觉及听觉冲击，以及句句扣人心弦的专业配音。这样，孩子就会形成"手机＝有趣"的认知。

经常看视频会导致发育迟缓

幼儿时期经常看视频有什么坏处呢？每当有妈妈向我咨询关于孩子发育迟缓的问题时，我都会反问"孩子从几岁开始看视频""一天看几个小时""持续多久了"。80%～90%的妈妈都会回答孩子从幼儿时期就开始看视频了。以我的经验来看，孩子如果经常快速、大量、长时间浏览视频的话，那必然会对孩子的发育有负面影响。

下面我们讲一下宇锡的案例。宇锡有一个姐姐，比宇锡大7岁。妈妈为了辅导姐姐学习，最近对宇锡关注不多。在姐姐学习的间隙，妈妈常常会让姐姐看电视中播放的教育节目，宇锡也跟随姐姐一起看。有一天，妈妈突然觉得宇锡好像看电视看得太多，于是不让他再看电视，谁知宇锡因此表现出了打滚、自残、摔东西甚至打妈妈等攻击性行为，后来被医院诊断为 1 年 6 个月的发育迟缓。

0 ～ 3 岁是孩子早期语言能力形成的关键时期，如果这一时期孩子看大量视频的话，就会影响孩子的交流能力。视频媒体不是说话者和听者的互动，而是单向传达，且视频无法感知情景与情绪，只是自说自话。如果孩子从小就不与人沟通，而是频繁接触视频，那么孩子将无法理解眼神交流、肢体动作等非语言沟通形式，也无法感知对方的内心世界。因此，长时间看视频的孩子往往在与他人的沟通上存在障碍。

河珍从 1 岁开始就每天看 2 ～ 3 小时英语视频，她会说 "red" "yellow" "car" "rainbow" 等英语单词，奶奶总是因此表扬她。但在此后的 36 个月里，河珍开始上幼儿园，与朋友们难以融洽相处，大部分时间都躲在桌子下面或独自在教室里转来转去，出现了一系列问题行为。

沉迷于视频的孩子会认为与小朋友一起玩毫无乐趣。因为与小朋友一起玩时需要等待、排队、合作、分享、谦让等，需要考虑的事情太多了。想要与小朋友愉快地游戏，还需要倾听，要了解他人的感受，并且协调自己的行为。

但是长时间看视频的孩子已经习惯了以秒为单位捕捉乐趣，因此他们承受不住单调乏味的游戏，很难主动融入小朋友的游戏之中。这些孩子在与同龄人相处的过程中难以达成协作和妥协，更难以控制自身行为。

还记得以前我们的家长有事需要外出时，总会留下一人在家照顾孩子，实在没办法也会先准备好孩子喜欢的玩具再出门。而且，以前的孩子不是和手机、电视这些电子产品玩耍，而是在与小朋友的玩耍中学习妥协，学习合作。

妈妈不要为了自己片刻的放松而做出可能影响孩子健康成长的行为。"看两个视频就关掉哦"，请不要寄希望于孩子能够遵守这样的约定。即使孩子第一次遵守了约定，之后也会越看越久。"好，只能看1小时电视""你看会儿视频等一下妈妈"，这些妈妈主动允许孩子看视频的行为，很可能会改变孩子，使他无法忍耐枯燥的学习，也无法调节与他人相处的行为。

育儿小技巧

何时才可以允许孩子看视频?

专家认为,孩子 24 个月大之前是绝对不可以让孩子看视频的。从 24 个月大到小学之前,最好不要让孩子使用移动终端(手机、ipad 等)观看视频,但可以允许孩子看电视。看电视需要定好时间,时间一到立刻关掉电源。

如果孩子出现了手机"中毒"怎么办?

① 认可并接纳孩子
  • 与孩子一起参加游戏,以此为机会进行沟通。
  • 让孩子觉得与父母玩很有趣。可以与孩子一起玩棋牌游戏或者一同旅行。

② 借鉴游戏机制,让孩子获得成就感
  • 孩子之所以会沉迷于游戏,是因为游戏世界可以让孩子获得认可,享受喜悦。父母可以参考游戏的机制,即使孩子只获得了很小的成功,也要给予充分的鼓励和奖赏。

③ 切割玩游戏的时间
  • 假如允许孩子一天玩 3 小时游戏,就将 3 小时分为玩 6 次,每次玩 30 分钟。这有助于锻炼孩子的自控力。

关注孩子
当下的幸福

幸福的先决条件

上一节我们了解了当代孩子成长环境中的第一个特点，即视频媒体。这一节我们来聊一聊另一个特点：过度期待。

秀灿妈妈：比起学习，我更希望孩子幸福。

恩浩妈妈：孩子想做什么就做什么。

智律妈妈：我对孩子没有什么太高的期望，只希望孩子能够有自尊心。

　　还记得二三十年前，那时很多妈妈总是十分露骨地对孩子抱有期待，比如对孩子说"一定要当法官""一定要当医生，以后妈妈生病了就可以给妈妈看病"等。然而通过咨询，我发现现在的妈妈们又回归到从前，虽然不再直白地向孩子表示期待或给予负担了，但是如果仔细观察的话，就会发现这些只是表面现象。看起来妈妈们是希望孩子能够幸福，过上自己想要的生活，但事实上这并不是妈妈们内心真正的期待。

　　"幸福不是天上掉下来的，努力才能得到。"
　　"现在学会弹钢琴，长大才能享受音乐。"
　　"别总和朋友玩，等上大学了再玩更有意思。"
　　"男生要擅长运动才行，这样到社会上才能有朋友。"

　　妈妈先于孩子进入社会，或许妈妈的话都是有道理的。但在这里，我不想评论这些观点的对错。我想说的是，最近妈妈们对孩子抱有很大的期待，即使表面上看似只是希望孩子能够幸福，但事实并非如此。
　　妈妈们心中幸福的标准似乎都不是"当下的幸福"，而是"未来的幸福"。而当下似乎就只是孩子走向幸福终点的一段漫长而辛苦的旅程而已。孩子为了具备一个个幸福的先决条件，每天生活的压力很大，这让孩子在当下很难感觉到幸福。

谁都无法预见未来社会，也不知道在未来社会里获得幸福需要怎样的条件，要求孩子努力争取未来幸福的条件可能比直白地表达父母的高期待值更加沉重。以前孩子只要好好学习，就能成为优秀的人，如果成为法官、检察官、医生、教授，肯定能过上好日子。但未来的社会并不是这样。学习依然是最基本的，但要过上幸福的生活，可能还要懂得鉴赏音乐、擅长运动、具备各种社会属性、具备领导能力、会画画……幸福的条件真的太多了。

有些妈妈可能会这样说："我只让孩子做他喜欢的事。他说不喜欢的就不做。英语、芭蕾、滑板、围棋、逻辑、轮滑、汉语这些都是他自己想学的。他想学总该送他去学吧！"

以前在电视台的选秀节目中也出现过类似情况，有名8岁的孩子每周上11个课外班，还有名10岁的孩子上了12个。为什么孩子们不怕辛苦坚持上这么多课外班呢？当孩子说出内心想法时，让人不禁热泪盈眶。

"如果我不上了，妈妈会说钱白花了，我会很难过。"

"如果放弃了，前面的努力都前功尽弃了。"

"不上课外班，我就和妈妈没话说了。"

孩子们的内心对竞争感到不安，从而使他们勉强坚持着。另外一些孩子也并不是因为喜欢、觉得幸福才学这些课程，而只是不想让妈妈失望罢了。

请关注孩子当下的幸福

幸福是一种习惯，当下幸福的人，将来也会幸福。你有没有听说过幸福惯性定律？英国物理学家牛顿提出的力学定律中，第一定律就是惯性定律，幸福也是有惯性定律的。物理学的惯性定律是，任何物体都要保持匀速直线运动或静止状态，直到外力迫使它改变运动状态为止。而幸福惯性定律是，当下幸福的人，将永远保持着幸福的心态。

也可以用生物学上所说的"恒常性"来解释幸福惯性定律。人无论是喝冰水还是喝热水，体温都维持在 36.5 摄氏度左右，这正是生命的恒常性。同样，每个人都会想要保持自己恒常的状态。因此有幸福感的人也会一直保持着幸福感。

如果你把追求的生活目标看作幸福，那我想问问你：

幸福的定义是什么？对抽象的概念下定义并非易事。我也梦想过着幸福的生活，所以总是问自己，"你幸福吗？"但是我很难找到答案。

有一天我听了一位德高望重的大师的讲座，他说"幸福就是没有不幸"，这一刻我突然醒悟了。如果当下没有烦恼，没有不幸，那我就是一个幸福的人。之前的我一直为寻找幸福的答案而拼命努力，担心自己会不幸福而惶惶不安，但通过这一句话，我的疑惑就得到了完美的解答。

如果希望孩子真的幸福，就应该帮助孩子消除生活中的不幸。如果让孩子压制着内心的不安、担心，勉强让孩子做不喜欢做的事情，那么对孩子而言是另一种不幸。"我的孩子会过得幸福吗？"请仔细观察一下孩子的表情，如果孩子脸上没有一丝忧愁，而是露出幸福的表情，那么将来他一定会很幸福的。

真诚对待
说谎的孩子

孩子说谎怎么办？

　　一位妈妈希望 9 岁的女儿具备领导力。有一天，女儿对妈妈说打算参加副班长竞选。妈妈为女儿整理了参加副班长竞选的演讲材料，并指导了女儿演讲的表情、姿势，为她加油助威。

　　竞选日到了。妈妈在公司上班，不知道竞选结果如何，于是打电话给女儿。妈妈听到孩子兴奋的声音，已经猜到了结果。

　　"妈妈，我当上副班长了！"

　　妈妈特意提前下班，买了蛋糕回来。那天晚上，全家聚在一起庆祝女儿当选副班长。第二天女儿放学回家，妈妈问女儿当副班长之后做了什么事。女儿非常自豪地说，老师让她帮忙办事，同学们也都常常叫她的名字，她很高兴。

但是在竞选日后的第三天，妈妈知道了令人错愕的真相。从其他妈妈那里听说，当选副班长的不是自己的女儿。妈妈非常紧张，通过各种方式再次确认，发现女儿的话和行为都是假的。妈妈回忆起孩子当时在电话里的兴奋，还有全家人参加庆祝派对的场面，以及孩子第二天自豪地说出作为副班长做过的事情时，那些都显得非常真实。这件事带给妈妈的冲击和错愕已经无法用语言来形容了。

孩子为什么要说谎呢？孩子本应该任何事都会和妈妈坦率地商量，为什么要撒一个这么低级的谎言呢？

首先我们要知道，孩子在幼儿阶段说谎一般是因为孩子不能正确区分现实和假象，所以他觉得他说的都是真实的。也有孩子会将自己的梦想或期待当成现实。比如，当看到朋友炫耀自己的新玩具时，孩子会说："我妈妈说要把超市所有玩具买下来给我。"这种"谎言"是正常的，是孩子发育过程中暂时出现的，日后随着孩子认知的成熟会自然消失。

但是上述事例中的孩子已经是小学生，却接连说谎，对这种情况妈妈有必要掌握其原因，适当地给予帮助。一般小学以上的孩子说谎，主要有以下四种原因：

1.孩子认为只要自己不说，别人就不会发现。这是一种以自我为中心的不成熟判断。

2.孩子在遇到困难时，先粗略地进行回避。这是由于父母没有一以贯之的抚养态度。

3.父母过于强势，让孩子不得不说谎话。

4.父母的期待值过高，孩子害怕父母失望，所以不敢直言。

不要将说谎的孩子当成坏孩子

当人遇到困难时，常常会亲近给予他安慰和力量的人，亲子关系中也是如此。孩子遇到困难时，妈妈如果能给予适当的帮助，就能和孩子建立比以前更亲密的关系。这位妈妈知道了女儿的小秘密后，约女儿单独出来玩。

妈妈： 今天和妈妈一起出去玩好吗？

女儿： 弟弟和爸爸呢？

妈妈：妈妈今天只想和女儿一起玩。

妈妈和女儿晚上吃了美味大餐后，一起坐在秋千上聊天。

妈妈：女儿是不是很想当副班长呀？每天假装自己是副班长是不是挺累的？妈妈都知道了，以后不用再这样了。你是不是担心妈妈失望难过呀？以为当副班长了妈妈就喜欢女儿，没当上就不喜欢了？你无论当不当副班长妈妈都很喜欢你。

与孩子充分共情之后，务必要指出说谎的危害。

妈妈：说实话需要很大的勇气，所以有时候人会不敢说出事实。但是没有勇气说出实话，以后就难以被别人信任了。妈妈也很害怕将来有一天连妈妈都不相信自己的宝贝女儿了。

孩子无论行为对错，妈妈都要向孩子表达爱意。在与孩子对视和共情之后，孩子才会对妈妈敞开心扉，并改变自己的错误行为。

孩子在成长过程中难免会犯错或者失败：考试成绩不理想被老师批评、不被同班同学喜欢等。

如果孩子在失败时不敢向父母敞开心扉，而是选择说谎，那一定要倾听孩子的内心。相比希望得到安慰，孩子更担心父母会失望。在这种情况下，不要把焦点放在如何纠正孩子的谎话上，首先要确保与孩子之间形成舒适的、相互信任的亲子关系。

妈妈的说话之道 3　培养孩子做情绪的主人

➤ 孩子耍赖意味着他开始有了自己的看法，并尝试自我表达。这时不能纵容孩子。妈妈应该表现出坚决的态度，但坚决的态度不是恐吓孩子。

➤ 训育是妈妈最重要的责任之一，妈妈需要明晰并运用正确的理念、时机和态度，才能使训育取得良好效果。妈妈要做的就是在实践中帮助孩子认识哪些事可以做，哪些事不能做。

➤ 孩子不能正确认识自己的负面情绪处于怎样的程度。孩子还缺乏使用适当方式缓解负面情绪的经验。这些都导致了孩子在生气时会比成人更加激烈。

➤ 妈妈需要帮助孩子从幼儿期开始学习认识自己的情绪并适当表达。要记住，能正确认识自己情绪的孩子，不仅会心思细腻、善于共情，也会建立较强的自尊。

➤ 既要遵守约定，也要灵活变通。能更好适应社会的孩子往往会根据不同的情境和对象做出不同的判断，灵活变通，具备解决复杂问题的能力。

➤ 无论孩子行为对错，妈妈都要向孩子表达爱意。在与孩子对视和共情之后，孩子才会向妈妈敞开心扉，并改变自己的错误行为。

第四章

培养孩子的
社会属性

如果向孩子提问，
就请尊重孩子的答案

是否可以问孩子
更喜欢爸爸还是妈妈？ ——————

父母有时也会像孩子一样说话。当哥哥嫉妒弟弟时，就会问妈妈："妈妈是更喜欢弟弟还是更喜欢我？"父母有时也会如此，比如周末爸爸陪孩子玩了一天，然后问孩子："宝贝女儿，你更喜欢妈妈还是更喜欢爸爸？"再如，妈妈平日因为上班，只有周末有空陪孩子，这个周末妈妈给孩子买了礼物，带孩子去游乐场玩，然后问孩子："儿子，你更喜欢奶奶还是更喜欢妈妈？"

通常，父母心中认为孩子更喜欢别人而不是自己，所以才会问这个问题。如果爸爸问这个问题，那他心里恐怕认为孩子更喜欢妈妈；反之，如果妈妈问这个问题，那她心里很可能认为孩子更喜欢爸爸。除此之外，当父母好不容易抽时间陪孩子玩，或者送了孩子礼物时，这时孩子的选择可能发生变化，于是父母会满怀期待地问这个问题，这是出于一种期望获得回报的心理。

父母开玩笑似的提出这个问题，却有可能造成孩子内心的混乱。孩子心中同时需要爸爸妈妈两个人的爱，如果回答妈妈，孩子就会担心失去爸爸的爱；如果回答爸爸，孩子就会担心失去妈妈的爱。同时孩子也担心会伤害到爸爸或妈妈，从而心中产生负罪感。

父母开玩笑的提问，可能会对孩子造成伤害

孩子回答问题之后，父母不当的反应可能会让孩子更加感到难过和委屈。孩子选择了妈妈，爸爸就说："白对你好了，以后爸爸再也不给你买礼物了。""爸爸再不开车送你了。"孩子选择了奶奶，妈妈就说："以后不送你上幼儿园了，让你奶奶去送你吧。"这时，孩子除了大哭别无

他法。

父母只是开玩笑而已，孩子有必要这么认真吗？是的，因为孩子与成年人不同，孩子对比较的心理反应比成年人更强烈。孩子正处于对亲子关系建立信任的时期，常常会有被遗弃的担忧，因此很小的事情也会被孩子认真对待。如果你想和孩子开玩笑，那请等孩子再长大一点。进入青少年期以后，父母就可以与孩子互相开玩笑了。

尊重孩子的选择，不要强行改变孩子

如果孩子选择了奶奶，而没有选择妈妈，妈妈就可以将自己的真实想法告诉孩子："宝贝女儿，奶奶给你做好吃的，陪你玩，看来你真的很喜欢奶奶！妈妈感觉很愧疚，平时你不主动让奶奶抱，奶奶也会抱你，但妈妈平时没空抱你……妈妈也非常爱你，但你好像不是很理解妈妈的心，妈妈也希望女儿爱我，以后妈妈会更努力的。"妈妈温暖而坦率的话语能够给孩子的心灵带来感动，孩子也能换位思考妈妈的心情和感受。

换位思考对方的感受、坦率地说出自己的想法、不强行改变他人，这是与他人共同生活时最基本的法则。无论孩子选择爸爸还是妈妈，要求孩子做出选择的是父母，孩子只是如实回答父母的问题而已，如果父母不接受孩子的答案，那孩子也将不知道如何与他人共处。未来当孩子不被朋友理解而不开心时，或许孩子就会想强行改变他人，以满足自己的期待。从这个角度来看，父母就是孩子的一面镜子。

　　妈妈也可以让孩子知道自己的遗憾和难过，但如何表达、如何解决这种心情，妈妈应该为孩子做出正确的榜样。

如何应对
孩子极端的话语

如果孩子说出极端的话
怎么办？

　　有个孩子非常反感去幼儿园，于是妈妈说："好吧，不想去就不要去了。"因此孩子直到 5 岁都没有去上幼儿园，孩子也从没有表现出想上幼儿园的意愿。6 岁了，距离上小学也不远了，妈妈开始担心起来。她一开始觉得是第一家幼儿园不适合孩子，但是换了一家幼儿园后依然没有效果，妈妈又尝试缩短孩子每天在园的时间，也没有效果，采用了很多方法最终都失败了。

　　妈妈觉得不能再这样继续下去了，不管孩子是哭还是闹都要让孩子与自己分开，送孩子去上幼儿园。谁知孩子却说："我想用刀杀死妈妈！"然后在幼儿园门口大声痛哭。妈妈听到这句话后哭了一整天，不想看到孩子，也睡不着觉。

孩子偶尔会意想不到地说一些极端的话刺痛妈妈的心。比如讨厌弟弟的哥哥说要把弟弟扔进马桶、卖给超市。还有的孩子对妈妈感到不满时说"我 20 岁时要抽烟抽死自己"。

听到这些话，妈妈不仅会感到惊慌失措，而且还会担心是不是自己的培养方式出了问题，更会思索孩子是从哪里学到的这种话。这时，妈妈会一边大声训斥孩子，同时自己内心也会心痛不已。但是孩子看到妈妈的反应后，常常用更强烈的话来刺激妈妈。这是因为，孩子通过说这些极端的话换来了妈妈比以往更多的关注，就认为这些话成功了。

对孩子而言，妈妈作何反应并不重要，只要能将妈妈的注意力集中在自己身上就可以了。这正是孩子说这类话的目的。

负面语言也是孩子成长的标志

孩子为什么会说这些极端的话？我们需要知道两点：孩子不只会说自己曾听过的语言；说极端的语言也是孩子成长的标志。

具体而言，孩子不是只会说自己曾听过的语言，是因为孩子具备了应用语言、创造性使用语言的能力。例如，一名 3 岁大的孩子看到鞋上沾了土，就会说"怪物鞋"；再如，奶奶问孩子"你长大以后想做什么"，6 岁的孩子回答"金家的女婿"。这些语言都不是从成人那里听来的。

当看到脏东西沾到衣服或鞋子上时，大人们会说"鞋子脏了，别摸它"，但孩子心中认为"沾上泥土 = 坏东西 = 怪物"，所以说出了"怪物鞋"这一创造性的词汇；对"长大以后想做什么"的问题，大人们期待孩子说警察、医生等孩子有可能想做的职业，但当孩子联想到"奶奶喜欢的人，我想成为的人 = 金家的女婿，爸爸"，孩子的回答中就出现了大人意想不到的有趣答案。

孩子既然能创造出有趣又出人意料的独特语言，当然也能创造出负面和可怕的极端语言。所以，孩子有时会说出妈妈无法想象的可怕的话语。如果妈妈问"你是跟谁学的"，将错误归结到别人身上会怎么样？孩子就会认为错误的原因不在自己，自己无须对错误负责，下次可能还会说出类似的话。

请不要威胁孩子

　　发育阶段的孩子们与成年人不同，他们具有独有的特征，比如他们的情感正处于细化的过程中。孩子们意识不到自己情绪的程度，也难以用适当的词语表达情感。如果用数字表示情绪的程度，孩子将很难说出、区分出负面情绪的程度是 1 还是 10。只要孩子感觉心情不好，就会当成负面情绪为 10 的情况处理。因此，在孩子心中产生了这样的思维：妈妈强行带自己去幼儿园＝厌烦和愤怒＝表达愤怒要使用最强烈的语言＝用刀杀死妈妈；妈妈每天加班回家很晚＝生气＝表达生气要使用最强烈的、妈妈最讨厌的语言＝抽烟。

　　当妈妈接孩子迟到了，孩子生气地说："我要让妈妈流血，很痛苦地流血。"听到这句话，妈妈大声吼叫："难道你想要打妈妈吗？你让妈妈流血的话，你知道会怎么样吗？警察叔叔就把你抓走了。妈妈也要去医院，你就再也见不到妈妈了。"其实，这样威胁孩子并非最佳解决方法。

冷静、坚决地回应孩子

孩子往往只在生气时使用极端的、可怕的、过激的语言。在孩子感情用事大发雷霆时，妈妈不要与孩子一起生气。孩子调节情绪的能力尚未发展成熟，如果妈妈也一起怒火中烧，那只会给孩子做一个负面的榜样。

妈妈首先要了解孩子使用极端语言的行为是在表达愤怒，在充分理解孩子的心情后，妈妈应该以坚决的态度纠正孩子错误的行为。但是，纠正孩子的错误行为并不意味着大吼大叫，而是为孩子编制一张安全网，不要让孩子再犯同样的错误。这时妈妈不应表现得过于兴奋、惊讶、失望或慌张，而是要以低沉的声音冷静做出回应。妈妈可以盯着孩子的眼睛，压低声音尝试以下的话术。

"儿子，妈妈没能早点儿来幼儿园接你，你生气了吗？朋友们都走了，一个人等妈妈很生气吧。但当你说要让妈妈流血时，妈妈心里也很难过。妈妈也尽量早点儿来接你了，现在也不算很晚。你也答应过妈妈不说让妈妈讨厌的话。我们两个互相道个歉吧。妈妈来晚了惹你生气了，你也用可怕的话伤害了妈妈，我们两人都应该道歉。我先向你说声对不起。"

育儿
小技巧

父母解决矛盾的方式会影响孩子社会属性的发展。

　　彼此的生活环境不同，价值观不同，那产生矛盾在所难免。孩子们将与父母、兄弟、老师、亲戚等身边的很多人建立各种关系，也会经历各种各样的矛盾。孩子可能会受委屈、被泼脏水，也可能会被人误解。虽然我们都不希望孩子发生这样的事，但即使自己的孩子不犯任何错误，也可能遭受到他人的排挤。

　　每个人都会遇到矛盾，但是每个人看待矛盾、解决矛盾的方法不尽相同。孩子往往会自然而然地、直接或间接地学习父母的行为，而不是学习或套用某个解决矛盾的标准公式。而且，随着孩子的成长，某一刻孩子会突然学会评价父母处理矛盾的方式。比如孩子会说"爸爸和爷爷曾经有很大的矛盾，但爸爸处理得很好""爸爸妈妈的公司要倒闭了，但他们负责到底的态度让我印象深刻"等。

　　如果父母解决矛盾的方式让孩子感到自豪，孩子未来就会继续尊敬父母，陪伴在父母左右；反之，孩子就会离父母越来越远。孩子在经历了诸多矛盾后会逐渐成长，这样的成长决定了孩子的社会属性和幸福指数。

兄弟姐妹互相告状时，
不要轻易下判断

如何处置互相告状的孩子？

　　如果家里有两个以上的孩子，那么妈妈可能时常会感到手忙脚乱，疲惫不堪。老二哭闹着要抱抱，老大则因为积木拼不好而大发脾气，妈妈更加心烦意乱了。妈妈只有一个，当两个孩子都提出需求时，妈妈常常疲于应对，而且觉得自己不能同时满足两个孩子的需要，常常会自责不已。

　　妈妈的忍耐力在不知不觉间达到了极限，顾不上耐心地教导，大声喊了出来。这时，妈妈这一整天都会心情低沉，看着睡着的孩子们，甚至还会流眼泪。妈妈一会儿担心孩子们会不会因为自己暴躁的性格而无法健康成长，一会儿又在自责"我为什么会这样，结婚之前我完全不是这样，现在的我都不像自己了"。

当两个孩子发生口角时，妈妈最容易情绪崩溃。妈妈看到两个孩子抱在一起睡觉的样子，觉得孩子们十分可爱；当两个孩子玩得很开心时，妈妈则觉得自己是个合格的妈妈。相反，当两个孩子磕磕绊绊时，特别是彼此都不愿意包容对方，甚至还互相告状时，妈妈的耐心很容易到达极限。

"妈妈，弟弟不收拾房间。"

"妈妈，哥哥总是为所欲为。"

"妈妈，弟弟偷偷玩你的手机。"

"妈妈，哥哥把玩具都拿走了，不给我玩。"

"妈妈，我先拿的玩具，弟弟非要抢我的玩具。"

孩子们为什么想要告状呢？当然，有些问题年幼的孩子无法独自解决，需要妈妈的介入和帮助，但更多的情况并非如此，孩子们常常因为一些小事互相告状。"这种事可以不用对妈妈说""这个问题你们可以自己解决"，但无论妈妈怎么说，孩子们还是每天要告状几十次甚至几百次。

妈妈不要成为孩子间的裁判

解决孩子们的争吵时，妈妈需要注意平时家庭的氛围。如果平时孩子们发生争吵时，妈妈总是扮演裁判的角色，并且听到一方告状就立刻去批评另一方的话，那首先应该改变这种氛围。

比方说哥哥正在玩玩具，弟弟想找哥哥借玩具玩，但哥哥没有同意。之后弟弟就夺走了哥哥的玩具，而愤怒的哥哥则打了弟弟。在这种情况下，一般妈妈会忽视前因后果，认为在任何情况下都不可以动手打人，从而训斥哥哥。最后再告诉双方，如果再打架就都不要玩玩具了。

这样，哥哥因为弟弟的原因遭到训斥，心中愤怒不已；而弟弟则因为哥哥的原因没能玩到玩具，也怒火中烧。每当再次出现问题时，双方还会跑到"裁判"妈妈面前，让妈妈做出裁判。因为被训斥的孩子认为自己输了，会下定决心下次一定要在妈妈的裁判中胜出，所以他总是等着兄弟姐妹做错事情，然后再去找妈妈告状。

兄弟姐妹之间出现矛盾，妈妈不能充当裁判的角色，而是应该认真倾听各自的理由。这时，妈妈应该梳理双方的问题，引导孩子们思考对方的心情，而不是始终坚持着以自己为中心。

弟弟： 妈妈，哥哥打我的头！

妈妈： 我看看，你没事吧？（先查看弟弟的伤口，然后和弟弟一起去玩游戏的地方）哥哥先说说吧，怎么回事啊？

哥哥： 弟弟要借这个，我不借，弟弟就把它直接拿走了。

妈妈： 为什么不借给弟弟呢？

哥哥： 要有铲车才能盖房子，不然就盖不了了。

妈妈： 那这个铲车要用到什么时候呢？

哥哥： 房子建好了之后就可以了。

妈妈： 啊，那这么说等房子建好以后是可以借给弟弟的，但弟弟没有等就直接抢走了是吗？那现在弟弟说说吧，为什么把哥哥的东西抢走了？

弟弟： 我找哥哥借，哥哥不借给我。

妈妈： 哥哥不借给你，你伤心了，所以就抢走了吗？

弟弟： 是的。

妈妈： 那哥哥不借给你，你应该怎么办呢？

弟弟： 等着。

妈妈： 好，哥哥说了，等一会儿就借给你的。但是你没有等，哥哥也伤心了。那怎么办呢？是你们俩都伤心呢，还是和好再一起玩？

哥哥、弟弟： 和好再一起玩。

妈妈： 好，你们俩都有做得不对的地方，互相道个
歉吧。

哥哥： 对不起，我打你了。铲车我用完了。

弟弟： 谢谢。我不该抢东西，对不起。

在解决兄弟姐妹之间的矛盾时，不应该去区分谁错了
或谁的错误更严重，而是要强调亲人的意义。亲人之间应
该要彼此体谅对方的心情，悲伤时、生气时能够安慰并帮
助对方。如果一个孩子伤心哭泣或者独自生闷气，那么妈
妈绝对不能为了惩罚另一个孩子，而去单独和其中一个孩
子玩耍，这一点需要格外注意。

关注孩子的个性和差异

如果孩子向妈妈告兄弟姐妹的状，那么就有必要了解
一下孩子的个性特征。一般来说，个性顺从的孩子非常注
重遵守规则，获得认可的意愿也比较强烈。例如，妹妹不
遵守规则，个性顺从的姐姐感到不满和不安，因此向妈妈
告状。姐姐的告状行为的内在含义是："我们应该遵守规
则，但是妹妹不遵守规则让人很担心""我遵守规则了，希

望得到表扬"。

在这种情况下，妈妈可以给个性顺从的姐姐更多权限，让她指导妹妹。"原来你是担心妹妹不遵守规则呀！那你可以告诉妹妹我们为什么需要遵守规则。让妹妹以姐姐为榜样，妹妹也会跟着姐姐一起守规则的。"这样妹妹看到妈妈鼓励姐姐的样子，她自己也会为了得到表扬而遵守规则。

保持"妈妈—孩子"这种"一对一"关系的稳定

平时妈妈也需要经常关心孩子们之间的相处。一般情况下，如果孩子们玩得很好，没有矛盾，妈妈就不该干涉。但如果有人向妈妈告状后，妈妈干涉进来，孩子们以后就难以继续友好相处了。因此，平时孩子们玩得好时，妈妈也需要时常关心，并通过常常表扬孩子，鼓励他们友好相处。"哇，哥哥很懂得谦让嘛！弟弟搭积木的水平也提高了很多呀！"妈妈可以努力营造这样一种积极向上的氛围。如此孩子们也可以继续保持轻松、和平的相处模式，彼此谅解，互相谦让。

最重要的是，保持"妈妈—哥哥／姐姐"或"妈妈—弟弟／妹妹"这两对"一对一"关系的稳定。请不要忘记，当孩子与妈妈建立稳定的"一对一"关系时，孩子也可以轻松地与其他兄弟姐妹建立积极的关系。

教给孩子朋友间的
相处之道

同龄朋友的意义

对于处于幼年阶段的儿童而言，同龄的小朋友是他们的好玩伴。玩耍是孩子生活的意义，是孩子重要的娱乐方式，也是孩子独特的沟通方式。孩子通过玩耍表达自己的想法和感情，并在玩耍的过程中形成自我认知，与他人建立关系。

玩耍是孩子生活的意义，而小朋友们作为孩子的玩伴自然也十分重要。如果孩子无法融入其他小朋友，那在其他地方孩子也常常会感到孤独，难以适应。而且这样的孩子遇事没有自信，常常感觉不到幸福。

孩子升入小学，进入儿童期后，朋友对孩子而言愈加重要。婴幼儿时期，孩子与妈妈或其他亲人的亲子关系可以补偿朋友关系的不足。但是孩子进入儿童期之后，朋友的重要性将超越与父母的亲子关系。在儿童期，交到好朋友是孩子最强烈的欲望。

孩子可以与朋友一同创造独特的同辈文化，并与朋友分享无法对妈妈倾诉的小秘密或小烦恼。孩子可以体会到妈妈无法给予的自由，与朋友一同迎接挑战，获得喜悦，收获勇气，提升满足感，为独立生活做好准备。

当然，这一切的基础是朋友。对孩子而言，没有朋友将会影响自身成长，难以获得幸福生活，因此孩子常常会竭尽全力留住身边的朋友。

害怕孤单，所以孩子执着于留住朋友

对一个迫切需要朋友的孩子而言，他希望朋友是专属于自己的，如何才能保证这一点呢？那就是不让朋友与其他人一起玩，控制朋友的行为和周围环境。

"你和我玩，不要和他玩。"

"你和他一起玩我们就绝交，以后我不会再给你买冰激凌了。"

"她没有把你当最好的朋友，她更喜欢希珍。"

"你不要和她拉手到处走，不要和她一起回家。你应
该和我一起回家。"

"你去他家的话，以后就不要来我家了。"

当然，并不是所有的孩子都试图控制朋友的想法和行
为，但是将朋友留在自己身边确实是每一个孩子心底的愿
望。大多数孩子知道他人与自己一样，都有自己的想法和
意见，因此不会随意命令或控制朋友。

但是孩子心理上对与朋友的关系感到不安，或是自尊
心不足的话，可能会出现对朋友过分执着。以下则是可能
导致这些问题的原因。

被父母差别对待。

父母强势，孩子体会他人情感的经历不足。

父母离婚，孩子经历与亲人的分别。

父母工作忙碌，孩子独处时间长。

没有得到父母的悉心照料。

自婴儿期起，养育者多次变更，孩子与家人未形成稳
定的依恋关系。

如果孩子幼儿时期建立的关系不够稳定或健全，心中就会常常担忧被他人抛弃。这些孩子担忧朋友离开自己可能使自己承受孤独，因此一旦有朋友向自己敞开心扉，他们便会对这些朋友异常执着。这些孩子内心深处有太多的不安和创伤，顾不上考虑别人的感受。

帮助孩子结交新朋友

孩子对朋友的偏执与自尊心有着非常密切的关系。自尊心强的孩子心中会认为"大家都会喜欢我"，内心平和；他们还会认为"我什么都能做好"，具有较强的自信心；同时，他们会认为"即使发生困难，我也能自己解决和克服"，具有较强的自控能力。这样的孩子，更加容易交到新朋友。

而自尊心不强的孩子则容易对自己缺乏信心，害怕适应新环境，所以想尽办法抓住现在的关系，无论如何都不想放弃。

小学二年级学生都元非常喜欢同班同学秀贤。他们自一年级起就是同班同学，一直关系很好。都元认为秀贤是自己独一无二的好朋友，而秀贤则与其他朋友关系也很好。

从一年级末开始，都元对人气较高的秀贤产生了偏执的念头。只要是秀贤上的课外班，都元都要一起上，都元还每天都要去秀贤家里玩。除此之外，每当看到秀贤和其他朋友一起玩时，都元都会发脾气。

一天，都元妈妈接到了秀贤妈妈的电话。秀贤妈妈说，秀贤最近因为都元感觉很疲惫，现在哭得很伤心。

"你有自己的想法，秀贤也有自己的想法呀。你也可以去和别的朋友玩，为什么一定要和秀贤玩啊？因为你不让秀贤和别人玩，秀贤很难受。听说现在秀贤连课外班都不去上了，都是因为你的原因。"

遇到对朋友偏执的孩子，责备是没有用的。孩子会认为就连一直站在自己这边的妈妈都不理解自己，这可能会加深孩子的错误认知："最好的朋友＝绝对属于自己的朋友"。

如果孩子出现了都元的情况，可以尝试这样说：

"你是不是害怕秀贤和别的小朋友玩，自己就没有朋友了，所以你不许秀贤和别的小朋友玩，妈妈说得对吗？但是想结交真正的好朋友，就要尊重朋友的意愿。如果让朋友都按照你的意愿去做，他就会觉得自己的内心被忽视，会感到伤心难过的。你要不要想一想秀贤想要什么？"

如果孩子执着于某个朋友，试图控制对方，或者孩子为了拉拢朋友而排挤某位同学，这时妈妈就应该反思孩子早期关系的形成和自尊心的建立是否出现了问题。妈妈要能够理解孩子害怕孤单的心情，并帮助孩子通过正确的方法结交新朋友。

如果孩子执着于某一位朋友，不妨尝试一下"四阶段对话法"。

① 共情

　　"是不是朋友和其他人玩，你担心自己会寂寞呀？妈妈小时候也像你一样有过同样的想法。"

② 帮助孩子认识客观情况

　　"但即便如此，你也不能让朋友只和自己玩，不让他和别人玩。你的朋友心中也希望能和很多朋友一起玩呀，你不能去控制别人的内心。"

③ 一同寻找合理的解决方案

　　"如果朋友想和其他朋友玩时，应该怎么办才好呢？你也尝试一下和别的朋友玩好不好？或者和你喜欢的朋友，还有其他想一起玩的朋友，大家一起玩好不好？"

④ 尊重孩子的选择

　　无论孩子选择什么都要尊重孩子。只要没有原则性问题，就请不必过于担心。

不要否定
孩子的人格

为什么孩子
会学习父母的缺点？ ————————

　　孩子往往长得像父母，甚至一眼就可以看出来。我曾经在幼儿园工作，记得幼儿园曾举办过一次家长参观活动，当天有 200 多名家长来到了活动现场。虽然我和这些家长都是初次见面，但是在看到家长的一瞬间，我的脑海中就浮现了他们孩子的模样，这让我非常吃惊。

　　无论是外在形象、气场还是性格，孩子都和父母十分相似，这种相似并非全部来自遗传基因。人的成长会受到先天遗传和后天环境两方面的影响。对孩子而言，他们与父母一同度过的时间最长，父母对孩子的影响力最大，父母自然也会成为孩子模仿并内化的榜样。

这里所说的"内化"并非单纯地指孩子模仿父母的语言和行为，而是孩子会直接继承父母的价值观、信仰和人生态度等。例如，父母关系和睦，孩子的性格也会外向开朗；父母慈眉善目，孩子内心也会更有温度；父母勤俭节约，孩子也会形成质朴的性格。

孩子如果只继承父母的优点就好了，但现实并非如此。父母的缺点也会被孩子吸收，特别是一些父母不希望孩子具备的缺点恰恰被孩子学会了。这时，父母往往会很着急，并对孩子发火。

在仁妈妈：我爱闹小脾气，性格谨小慎微，以前经常挨妈妈的训。现在孩子和我性格一模一样，我很担心孩子会像我一样。

灿儿妈妈：我上学时朋友不多，经常感觉很孤独。每次升年级时，我总是害怕万一和好朋友不在同一个班的话该怎么办。所以我希望孩子能够广交朋友，擅长社交，但是看到孩子和我一样执着于某一个朋友时，我非常生气。我知道这样最终受到伤害的是自己。

人的情感可以分为底层和表层。底层是身体对外部刺激的反应，这是情感的本质；表层是底层情感的外在表达。

灿儿妈妈对灿儿的底层情感是遗憾、心疼和怜惜，担心孩子会受到伤害，但表达在外面是生气、发怒。

孩子无法看到父母内心底层的情感，只能感受到表层情感——发怒。看到妈妈生气的样子，孩子可能会慌张、失望。孩子担心朋友会离开自己，内心非常不安，希望妈妈能理解自己的焦虑并给予帮助，但是妈妈知道后反而大发雷霆。这样，孩子内心会产生"跟妈妈说了也没有用""妈妈每天只会生气"的误会。

另外，有时父母认为孩子学习了自己的缺点，这可能只是父母的主观臆断。孩子尚未成熟，身上有诸多不足之处，正处于不断犯错、不断进步的过程中。但父母常常并不关心孩子学习的过程，而是更在意孩子行为中的不足。试想，如果孩子的性格与父母截然相反，那么父母会感到愉快吗？如果孩子的性格不像父母那般小心翼翼，而是活泼开朗，也许父母就会说，孩子没学会父母冷静、沉着的优点，不知跟谁学的散漫的缺点。

不要批评孩子学习父母缺点的行为

例如，有些孩子学习了爸爸懒惰的缺点，总是让妈妈做这做那。那么当妈妈感到疲惫时，可以尝试下面的"信息传达法"。

---

* **第一步：引导孩子分析当前情况**

"现在你和妈妈分别在做什么呢？妈妈在洗碗，而你在看电视。"

* **第二步：表达妈妈的情感**

"你没事可做，却还让妈妈帮忙，妈妈要生气了。"

* **第三步：传达妈妈的要求**

"当你比较忙或者需要妈妈帮助时，妈妈可以帮助你。但妈妈觉得现在你不需要妈妈帮你。你自己去拿吃的吧！"

如果父母关系融洽，那对孩子而言是十分幸运的。如果夫妻关系不好，那么丈夫的缺点常常会在孩子身上显现

出来。这时，妈妈常常会无法控制自己的情绪，甚至开始讨厌自己的孩子。因此，妈妈不希望和丈夫争执而憋在心中的话，常常会说给孩子，给孩子内心造成创伤。

在一个离婚的家庭中，女儿上小学三年级，与爸爸和奶奶一起生活，约定每月只和妈妈见2次。孩子逐渐进入青春期，越来越不听奶奶的话了，于是奶奶对孙女说："没耐心的样子和你妈妈一模一样，忍受不了就走吧！"

女儿虽然想和妈妈在一起生活却无法实现，因此孩子只要一见到妈妈，就向妈妈哭诉对爸爸和奶奶的不满。妈妈对女儿说："你爸爸本来就是那样，别人不听他的就发脾气，自以为是，认为世界上就他自己了不起。"

父母即使离婚了，
也是孩子相伴一生的人

即使夫妻离婚了，对孩子而言，他们依然是自己世界上唯一的爸爸和妈妈，这是绝对不会改变的。在上面的例子中，女儿无法像妈妈一样选择是否与爸爸共同生活，也无法决定是否断绝与爸爸的关系。这时，如果妈妈批评孩子说"性格这么差，像你爸爸一样""看你总是欺负别人，和你爸爸一模一样"，那对纠正孩子的行为没有丝毫帮助，只会引起孩子心中的怨恨、自责和愤怒。

　　批评父母中一方的人格就等于否定孩子。都说孩子是父母"爱情的结晶"，对父母任何一方进行否定，就相当于也否定了两人"爱情的结晶"，这会给孩子带来创伤。无论孩子犯了多大的错误，批评孩子的人格都是绝对不可取的。父母应该努力帮助孩子正确理解当前情况，并与孩子一起反思错误的行为，反思父母的感情，寻找正确的解决方法。

教给孩子
招待朋友的礼仪

邀请孩子的朋友到家里做客，
为什么总发生矛盾？

上小学二年级的泰熙从清早就激动不已，因为今天她邀请了两位朋友到家里做客。很久以前泰熙就计划邀请朋友来家里玩了，但是因为时间不合适等种种原因，直到今天才最终实现，为此泰熙兴奋得晚上睡不着觉。想着放学后回家和朋友们一起玩，泰熙从下午开始就一直盼望着放学。终于，朋友们到泰熙家了，泰熙骄傲地向朋友们展示房间里漂亮的床、喜爱的洋娃娃、宝石匣子、美术器材等。

"这些你们都可以拿去玩，但是不能弄坏啊，弄坏了的话要赔。"

在接下来 20 分钟左右的时间里，房间里传来了叽叽喳喳的说话声和咯咯的欢笑声。后来房间突然变得安静了，妈妈心中有些不安。平时泰熙就比较容易与朋友发生矛盾，这次邀请朋友做客是泰熙下决心特意安排的。妈妈小心翼翼把耳朵贴近泰熙的房门。

"喂，你玩这个，然后你玩那个！"

妈妈预感到孩子们可能会发生不愉快。泰熙正在像对弟弟一样对待朋友。妈妈又贴近了一些，听孩子们说话，心里变得更不安了。孩子在做美工，似乎更像是泰熙一个人在做。过了一会儿，泰熙大声说道：

"喂，这些东西都是我家的，所以都是我的。你们不要摸！"

妈妈害怕的事情终于还是发生了。妈妈觉得要好好批评一下泰熙。这时，有一位朋友的妈妈来到了泰熙家。被泰熙伤了心的朋友一见到妈妈就放声大哭，投向妈妈的怀抱。

我还记得小时候邀请朋友到家里做客的情景。妈妈给我们做炒年糕吃，我们蒙上被子在床上打滚，做小纸片人玩，大家咯咯笑着，非常开心。

邀请朋友到家里做客或是去朋友家玩的经历都会给孩子带来特别的回忆。离开老师或父母的管束，孩子会感到更加自由。同时，还可以避免其他朋友的干涉、嫉妒，与来做客的朋友建立更加亲密的友情。不管朋友邀请自己还是自己邀请朋友，当孩子成为这次聚会的主人公时，那对孩子而言是莫大的快乐。在学校里，受邀去朋友家里做客的次数意味着受欢迎的程度。没能得到朋友邀请的孩子，难免会有被冷落的感觉。

　　但是现实并非都像期待的一样美好。如果在不了解邀请朋友的原则、态度、规矩和礼貌的前提下就贸然邀请朋友的话，很可能会事与愿违。甚至会像上面的事例一样，朋友的妈妈亲眼看到了你的孩子的错误行为，反而导致了孩子们关系破裂或引发家长间的矛盾。

邀请朋友来家里做客前要做好准备

　　邀请他人来家里做客时，我们通常会提前做足准备。比如认真准备对方喜欢的食物，还会考虑对方的出行方式，提前做好计划，避免让对方感觉不便。其实，孩子邀请朋友来家里做客时，也应该提前做些准备。

如果孩子希望邀请朋友到家里做客，那么妈妈首先要教给孩子招待客人的基本原则。例如，不能因为是在自己家就随意命令朋友，对朋友来说这是陌生的场所，要照顾朋友的情绪，避免给朋友带来不便等。

家是一个十分特别的地方。对主人而言，家是最方便、最熟悉、最能体现自己权威的地方。家里所有的东西都是属于自己的，自己可以对每件物品进行说明和示范。相反，站在客人的角度上来看，主人家给人的感觉是陌生的，客人往往是紧张的、小心谨慎的。无论是想触摸或是想使用，都需要获得主人的许可。

在这样的环境中，如果孩子随心所欲地命令来做客的小朋友们，那小朋友们心中一定会受伤的。特别是如果父母的教育方式是命令式的，或者孩子常常得不到同龄人的认可，这种情况下问题可能会更加严重。在父母的高压下成长的孩子，习惯接受父母的命令和支配，所以他们也随时想要命令其他人。对这样的孩子来说，"家"这个地方是最适合自己发号施令的地方，所以会表现出平时希望得到的优势和掌控的欲望，对朋友下达"可以摸""玩这个""不能玩"等命令。

平时得不到同龄人认可的孩子也是如此。平时自己的语言和行为常常没有足够的影响力，不被同龄人认同，那么在自己家中，孩子的每一句话都可以决定朋友们的行为，孩子会感觉很幸福。

其次，当孩子邀请小朋友来家里做客时，还需要教给孩子待人接物的礼仪，制定好规则。这里的礼仪指的是和小朋友分享自己的玩具，孩子要对此做好心理准备。家里所有的玩具原本都是属于孩子个人的，但是邀请朋友来家里时，自己的家就成为共同玩耍的生活空间，个人的玩具就变成了共同分享的玩具。

孩子在家里和弟弟或妈妈一起玩时，需要大家共同参与，才能一起愉快地玩耍。在这个过程中，需要有一定的规则和礼仪。邀请朋友来家里做客也是如此。如果孩子有特别珍惜、不愿意分享的玩具的话，那就在朋友们来之前，把玩具藏起来，在朋友们离开之前都不要拿出来就好了。

父母要通过观察与调解，避免矛盾

如果已经做好了基础准备，那么邀请朋友做客时出现问题的可能性就已经降低了一半以上。但这时还不可以高枕无忧，由于孩子常常以自我为中心思考问题，在处理与同龄人的关系时也没有成熟的社会技能，因此产生矛盾是必然的。如果孩子们在房间里自己玩，父母则在客厅里喝咖啡，这样的情况持续 1 个小时以上，那结果往往是某个小朋友心灵受到伤害而郁闷地离开。

当孩子请朋友到家里时，父母可以装作不关注，但实际上则要小心翼翼地观察孩子的言行。这样，如果有小朋友心灵受到伤害，父母就可以及时进行安慰；如果孩子伤害到了其他朋友，父母就应进行简单的调解。父母要通过细心的观察、鼓励、调解，减少矛盾的发生。

如果像上述案例一样，孩子邀请朋友到家里做客，孩子却不关心朋友，随心所欲地命令朋友，那么这时妈妈也不应该当着其他小朋友的面，直接批评孩子。在这种情况下，妈妈应该安静地走近孩子，对孩子说妈妈有话要说，将孩子单独叫到一边。

妈妈可以尝试以坚定的态度，对孩子这样说。

妈妈：邀请朋友来家里做客，玩得开心吗？

孩子：（不知道自己在给朋友造成伤害）嗯，很开心。

妈妈：只是你自己开心吗？还是朋友们都很开心？

孩子：（似乎意识到了问题）朋友们也觉得开心吧？

妈妈：在妈妈看来朋友们好像并不开心，为什么会这样呢？

孩子：（安静地思考）

妈妈： 如果你被朋友邀请去做客，然后朋友说"你去玩这个""你不要摸那个"，你会怎么样？妈妈说过邀请朋友做客时有一些基本的态度和礼貌，还记得是什么吗？

孩子： 和朋友们分享玩具，关心朋友。

妈妈： 嗯，记得很清楚。这是为了大家都能玩得开心而制定的规矩，如果一会儿还是只有你自己开心而让其他小朋友伤心的话，妈妈会很失望的。而且以后也不会再允许你邀请朋友到家里来了，除非你做好了准备。你能做好吗？

另外，妈妈还要引导孩子认识当前的情况，换位思考朋友的感受，再次让孩子理解待人接物的态度和礼貌。如果孩子不遵守规则，妈妈要尽量预测可能会发生的事情，并给予孩子警告。如果妈妈与孩子沟通顺利，妈妈就可以对孩子微笑，并鼓励孩子和朋友们一起好好玩耍。

妈妈的说话之道 4　培养孩子的社会属性

➤ 当孩子说出极端语言时，妈妈首先要了解孩子使用极端语言的动机。在充分理解孩子的心情后，妈妈应该以坚决的态度纠正孩子的错误行为。这时妈妈不应表现得过于慌张，而是要以低沉的声音冷静做出回应。

➤ 在解决兄弟姐妹之间的矛盾时，妈妈不要扮演裁判的角色。孩子们这时是以自我为中心思考问题的，妈妈应该引导孩子们换位思考其他兄弟姐妹的感受和立场。另外，强调亲人的意义和维护好稳定的"一对一"关系也十分重要。

➤ 如果孩子执着于某个朋友，试图控制对方，或者孩子为了拉拢朋友而排挤某位同学，那妈妈应该反思孩子早期关系的形成和自尊心的建立是否出现了问题。妈妈要能够理解孩子害怕孤单的心情，并帮助孩子通过正确的方法结交新朋友。

➤ 批评父母中一方的人格就等于否定孩子。无论孩子犯了多大的错误，批评孩子的人格都是绝对不可取的。

➤ 当孩子邀请小朋友来家里做客时，需要教给孩子待人接物的礼仪，制定好规则。孩子要对与小朋友分享自己的玩具做好心理准备。另外，父母应该小心翼翼地观察孩子的言行，出现矛盾及时调解。

第五章

引导孩子
学会化解矛盾

与孩子真挚沟通，
方能使孩子反省错误

如何惩罚排挤他人的孩子？

　　在前面的章节，我们已经了解到真诚的共情对培养孩子调节情绪的能力非常重要。在本章中，让我们来谈一谈培养孩子调节情绪的能力的另一重要方法——榜样。

　　相信所有的父母都曾经考虑过"体罚"。时至今日，人们对体罚依然看法不一："与其说十次，不如打一顿有效。""不能用手打孩子，但用工具打手掌是可以的。""男孩只有挨打才能长教训。""幼儿园时期可以打孩子，上小学就不能打了。"……人们对体罚的想法不仅是赞成或反对那么简单，而且在体罚方式、对象、时间等各个方面都有不同的观点。

　　研究人类心理和情感的专家，即少儿精神科医生、儿童心理咨询师、游戏治疗师等大部分专业人士似乎都对体罚持否定态度。而我作为咨询师，目前为止还未见到过通过体罚成功解决孩子问题行为的案例。

　　在父母养育孩子的过程中，有很多开心、幸福的时候，同样也有很多伤心、生气、不安、紧张的时候。如果孩子的错误行为只局限于家中，那该有多好！当妈妈听到自己的孩子打人、排挤他人、对他人恶语相向时，心里就会有种天要塌下来的感觉。妈妈用心培养孩子，也教给了孩子正确的道理，可是妈妈不明白为什么自己的孩子会这样怨恨这个世界。更让人无法理解和难过的是，明明自己从没有打过孩子，身边却有很多人认为孩子打人的行为是和父母学的。真是一肚子的委屈啊！

　　这里我们需要明确一点，那就是体罚的意义和范围。有些妈妈认为"我没有打过孩子"，这些妈妈可能认为体罚只是对身体施加的加害行为。但是，实际上体罚不仅包括对身体的加害行为，还有以语言等方式对心理的加害行为。同样的道理，校园暴力不仅包括殴打行为，还包括排挤（心理暴力）、语言暴力、羞辱、威胁等行为。

　　即使妈妈没有伤害孩子的身体，孩子也有可能遭受体罚，甚至妈妈都没有意识到。例如，在生活中，妈妈总是突然对孩子大吼大叫，或是指责、威胁、谩骂、贬低孩子等，这些都是语言或者心理层面的体罚。这是因为，体罚意味着强者以强压的方式对待弱者，无论强者是否诉诸暴力。

也许有人会反问道，体罚和暴力目的不同，如何能混为一谈呢？体罚是为了教育孩子，纠正孩子的错误行为，而暴力则是为了折磨对方，二者的目的截然不同。即使体罚是出于善意的，这一方式也是错误的，其结果必然也是错误的。我们不能仅仅追求善意的目标，还要采取正确的教育方式。

妈妈需要做出调节情绪的表率

妈妈其实有很多指导孩子的方式，无须诉诸体罚或暴力。让我们来看看下面的案例。

智勋今年 6 岁了。每次妈妈接到幼儿园老师的电话时都会感觉害怕。今天幼儿园放学时，妈妈再一次接到了老师的电话。果不其然，智勋今天又打了小朋友，毁坏了小朋友的作品。之前妈妈曾耐心劝过孩子，也曾骂过孩子，今天妈妈实在是忍无可忍了。

> **妈妈：**（智勋一回家，妈妈就拉着他的胳膊，让他坐在沙发上）你过来，你今天是不是打小朋友了？
>
> **智勋：** 不是，本来是我想先做……，但是他……
>
> **妈妈：** 我说过不要打人了吧？（不由自主地把手举起来）我打你看看疼不疼？（用拳头用力打了一下智勋）疼吧？

父母单纯说教是没有意义的，孩子会倾向于学习父母的行为和态度。智勋妈妈对孩子的情感流露是："你太让我丢脸了。""我气得没法活了。"拉着孩子的胳膊，让孩子坐在沙发上，不由自主地把手往上抬，用拳头敲打孩子等，这些行为说明妈妈自己都无法控制好情绪。

在人类大脑前部有一结构叫作前额叶，前额叶控制着思维、判断等精神活动。人类之所以能够进行理性思考、创造、调节情绪、共情，这些都是前额叶的作用。与成年人不同，孩子的前额叶还没有发育完全。一般来说，在孩子 4～6 岁前额叶开始激活，一直到 15～20 岁才能发育完全。

对前额叶功能尚未完全形成的孩子而言，体会他人的感情，并控制好自己的情绪，最后采取正确的行动，并不是一件容易的事情。如果想让发育中的孩子学会调节情绪，最重要的就是父母能够树立正确的榜样。

智勋妈妈应该怎么做呢？如果平时智勋放学回家时，妈妈都是语气温柔、笑脸相迎、帮智勋拿书包的话，那么这一天妈妈就可以冷淡地等待智勋；如果平时妈妈都会为智勋准备美味的零食，对他说"智勋，妈妈准备了好吃的"，那么在这一天妈妈就可以什么都不准备。这样智勋就可以感受到异常的氛围。

智勋：（像平时一样）妈妈！好吃的呢？

妈妈：（坐在沙发上面无表情地抱着胳膊一动不动）

智勋：妈妈，妈妈！我问你有没有好吃的。你没听见我说话吗？

妈妈：（用生硬的语气说）智勋，过来坐在这里。

智勋：怎么了？快说……

妈妈：（如果孩子要躺下或姿势随意，就立刻让他坐正）坐好，看妈妈的表情，你觉得妈妈怎么了？

智勋：生气了。

妈妈： 对，妈妈很伤心也很生气。我接到老师的电话后就开始生气，你想想妈妈为什么生气。

妈妈要让孩子感受到今天的气氛与平时不同，妈妈将要和孩子进行真挚的沟通。妈妈也要让孩子做好真挚沟通的准备。另外，不要去罗列孩子的错误，而是应该引导孩子自己对错误进行解释。与平时不同，今天妈妈和孩子都以真挚的态度看着彼此的眼睛，孩子心中也会觉得"今天这个情况下没有办法耍赖"，因此会好好配合妈妈将沟通进行下去。

无论妈妈内心多么伤心、多么生气、多么失望，都绝对不能对孩子表现出情绪失控的样子。不要忘记，如果妈妈树立了错误的榜样，不仅无助于解决孩子的问题行为，还有可能诱发孩子犯其他错误。

塑造坚强的心灵，
培养自立的品格

如果孩子被打了，
该如何引导他？

　　每个妈妈都希望孩子在幼儿园能和小朋友们友好相处。但是，如果孩子在幼儿园被别的小朋友打了该怎么办呢？如果这样的情况不止发生过一次又该怎么办呢？如果孩子已经可以用语言准确表达，这时妈妈一定会问清楚情况。但如果孩子年龄太小，还不能用语言准确表达的话，孩子身体受到伤害，妈妈只能伤心和难过。妈妈也会担心和害怕，是不是孩子挨打的次数更频繁、程度更严重，而自己却还不知道。

教给孩子解决矛盾的多样技巧

如果孩子被打了，一般而言父母会有三种常见的反应。第一种常见于儿子被打后爸爸的反应。爸爸常常会说"打回去啊""男生不能被欺负，没事，打坏了爸爸负责"。这时孩子会听从爸爸的话，和对方打一架。但这样的话，孩子必然会得到老师的负面评价，孩子本是受害者，但现在很可能变成了加害者。如果反复使用暴力成为习惯，孩子最终可能走上犯罪的道路。

有时父母让孩子"打回去"，孩子却不会还手。这是因为孩子心中缺乏还手的勇气，或是内心遵守"应该和朋友好好相处"的规矩。这时孩子会感到为难，是遵守规则还是听爸爸的话，心中犹豫不决。当孩子下次再和朋友发生矛盾时，很可能会选择一个人承受，而不告诉父母。这很可能会让孩子内心承受更大的伤害、不安和痛苦。

第二种是妈妈常见的反应："不要再和他玩了，以后和别的孩子玩。"这时，妈妈应该首先思考"我的孩子为什么会挨打"，而不是"如何避免我的孩子被打"。妈妈常常会认为打人的孩子是具有攻击性的，可是自己的孩子为什么会和这样的孩子一起玩呢？

如果仔细观察孩子交朋友的模式，就会发现他们与成年人的交往模式有很大不同。成年人一般倾向于与自己相似的人交往，而孩子们不仅会与自己相似的朋友玩，同时也会和与自己性格迥异的朋友一起玩。一些有攻击性的孩子往往行为夸张，话比较多，常常会有一些有趣的表情，因此他们常常被性格腼腆的孩子们所羡慕，也会有很多孩子想跟这些有趣却有攻击性的孩子们一起玩。

如果妈妈不让孩子和那些朋友玩，或者是打电话给老师阻止孩子和某些朋友玩，那么孩子就可能失去幼儿园里的朋友，甚至觉得上幼儿园变得无趣了。妈妈剥夺和干涉了孩子自主选择朋友的权利，这并不是一种良好的引导。

第三种是有的妈妈会问孩子有没有告诉老师，引导孩子向老师寻求帮助。当然对年幼的孩子而言，常常需要大人的帮助来化解矛盾，因为孩子们缺乏解决问题的正确方法，常常只能考虑到自己的立场。但是，如果每当遇到困难时，孩子都告诉老师寻求帮助的话，孩子就可能产生对成人的依赖。我认为这不是一个完美的解决方式。

那么以上三种反应都是错误的吗？不，事实上，以上这三种反应都是孩子需要学习和体验的社会生存技巧。如果朋友总是嘲讽自己，那孩子需要具备反击的勇气。如果朋友突然表现异常，孩子也应当懂得规避危险。在自己难以承受的情况下，寻求大人的帮助也是十分必要的。

引导孩子对自己的判断和选择负责

其实在解决朋友间矛盾的问题时，不存在标准答案。采用怎样的方式解决，应该由当时的情况决定。妈妈应该教给孩子不同解决方式的适用情况，并引导孩子对自己的选择负责。这才是最重要的。

如果孩子因被打而感到委屈，作为妈妈首先要做的就是安慰。虽然孩子可能很疼，但是想和妈妈聊天表明孩子更需要心理安慰。这时妈妈不要催促孩子回答诸如"为什么打你""为什么不还手"等问题。

妈妈不要给孩子任何"标准答案"，而是最好问问孩子在这种情况下选择了怎样的应对方式。如果孩子说"忍耐了"，妈妈就应该对孩子控制情绪的行为给予表扬。妈妈还要听听孩子选择的理由，然后告诉孩子他的选择有哪些好处和坏处，会产生怎样的结果，引导孩子自己反思。之后还可以问问孩子，如果下次再遇到同样的情况，他会怎样选择。

明智的妈妈不会只给孩子一个答案或强制孩子，反而会将精力集中在培养孩子的坚强内心和自立精神上。妈妈应该支持孩子通过丰富的经验，寻找解决问题的多种方法。从小开始支持孩子自行判断选择，并引导孩子对自己的行为负责任，这将有利于孩子做自己生活的主人。

父母要对
自己的话和行为负责

孩子闯祸了
该怎么办？

上小学二年级的姜宇非常讨厌上学。在3月一整个月里，妈妈总是听到老师反馈说，姜宇总是在座位上坐不住，上课铃响了也不进教室，甚至还动手打其他同学。

4月的一天，姜宇在上学路上看到了两个同班同学，非常开心地叫了他们的名字。但是两个同学回头发现是姜宇后，就逃跑一样地走掉了。心情不好的姜宇捡起眼前的石头，朝同学们扔了出去，一块石头恰好砸到了一个同学的头上。这个同学被石头砸得流了很多血，晕倒在地。事情发生后，整个学校似乎都炸开了锅，受伤的同学被救护车送到医院，他的父母、爷爷奶奶都到学校进行交涉。校长也将姜宇的父母叫到了学校。姜宇的父母在老师面前向受伤同学的父母真诚地道歉，事情似乎告一段落了。

姜宇爸爸平时就认为应该对孩子进行体罚。这次爸爸被学校叫去，感觉非常丢脸，于是一回家就愤怒地拿起木棍暴打姜宇。妈妈想制止爸爸体罚孩子，结果自己也受了伤，伤心的妈妈也一肚子火，姜宇一家人乱成了一锅粥。爸爸对姜宇大喊：

"你给我进屋反省！还有，不要再犯错让我被叫到学校去。你自己犯了错就自己解决，别让我去丢人！"

倾听孩子内心的歉疚

父母是上帝赐予年幼孩子的礼物。孩子单凭自己的力量是无法战胜世界上的种种困难的，而父母则可以与孩子一同面对生活中的坎坷，帮助孩子们能够顺利地渡过难关。不是说父母常常带孩子去游乐场、教孩子游泳、给孩子买好吃的、送孩子上课外班、给孩子买漂亮衣服，就是尽到了父母的责任。父母还应该成为孩子心中坚强的后盾，在

孩子情绪不稳定、不成熟时陪伴在孩子身边。孩子越是
面临困难，父母越应该与孩子站在一起，这才是合格的
父母。

姜宇爸爸很是失望难过，但比起自己难过，他更应该
倾听姜宇的内心。应该了解一下事情发生当天，小学二年
级的儿子看到了什么、听到了什么、感受到了什么。

讨厌上学的姜宇走走停停，心里担心今天又会被老师
训斥。但是当他看到同学后，怀着兴奋的心情叫了同学的
名字，同学看到自己后跑开了，姜宇感到了失落和孤独。
除此之外，姜宇看到同学流血，肯定感到既惊慌又害怕。
而看到救护车、同学的家长和自己的爸爸妈妈，姜宇心中
则想逃避。

因为自己的错误，爸爸妈妈不得不在众人面前道歉，
姜宇心里十分愧疚；同时，所有的孩子都向自己投来异样
的眼光，在背后议论纷纷，让姜宇想找条地缝钻进去。回
到家后，姜宇被爸爸体罚，而妈妈也满肚子火，他会心中
充满负罪感，可能会想"我为什么要出生？我就是一个多
余的人"。

孩子和成年人不同，做事时仅凭当下的冲动，而不会
预想可能发生的后果。姜宇扔石头的行为显然是错误的，
但是他绝没有故意让同学流血的坏心思，同学受伤的结果

是姜宇意想不到的。这就是孩子，他们常常无法预料后果，从而常常失败和犯错。

孩子会从父母身上学到责任感

虽然孩子闯祸往往是由于失误，但这并不意味着对孩子的错误可以不用深究，父母代为解决负责就可以了。既然孩子犯了错，就应该主动反省错误。父母应该教育孩子对自己闯的祸负责。根据闯祸的程度和情况，父母的介入程度应该有所不同。如果孩子平时处理小矛盾都比较困难，那让孩子对闯的大祸独立负责，反而会让孩子产生放弃的心理，使得孩子更加对这个世界不满。抚养孩子需要"推拉"，"推拉"需要在适当的时机以适当的方式进行。父母常常反向"推拉"，比如当孩子年幼需要妈妈时，妈妈却努力让孩子离开自己；当孩子步入青少年时期，或者是想在外面独立生活时，妈妈却总是问孩子"在哪呢？怎么还不回家？什么时候回来"等。

除了孩子的年龄以外，情绪状态也是"推拉"的重要标准。在孩子想自己独立做某件事时，妈妈应该"推"一下孩子，帮助孩子走向更广阔的世界。而在孩子不安、退缩、痛苦时，妈妈则应该将孩子"拉"入自己的怀中。所以，当孩子内心的"电量"不足时，不要对孩子说"你自己看着办"，这句话会带走孩子心中更多的能量。父母应该给孩子的内心"充电"，孩子在父母怀中"充满电"后，才能更加昂首阔步迈向广阔的世界。

姜宇的事该如何解决呢？姜宇妈妈走到独自在房中哭泣的儿子身边，拥抱了他。

"姜宇今天很难受吧？发生了这么大的事，肯定很惊慌很疲惫吧。但是不要担心，上帝之所以把妈妈送到你身边，就是要让妈妈和你一起渡过难关。听说你虽然不愿意去学校，但还是希望和同学好好相处，路上还主动和同学打招呼了？看来是很努力在适应学校生活嘛！但是呢，扔石头的行为是不对的，相信你以后不需要让妈妈再提醒你了。但是现在事情已经发生了，来和妈妈一起解决问题吧！同学受伤了，我们首先去买药品和他喜欢的玩具，然后一起去看看他。你应该再真诚地向他道歉，看看他的受伤情况。"

妈妈和姜宇一起到受伤的同学家道歉。在一段时间内，姜宇妈妈陪伴着姜宇和受伤的同学一起上下学，姜宇和受伤同学的关系反而比以前更加亲密了。艰难的考验有时反而可以转化为促进孩子迅速成长的好机会。而姜宇正是从这个事件开始，与妈妈的关系更加亲密了，上学也更加开心了。

孩子闯了祸，对孩子说："你做错了事，你自己看着办吧！"这种"推"开孩子的行为并非永远是正确的。有时父母要将孩子"拉"入自己温暖的怀抱，给予他们情绪上的安慰、勇气及希望。孩子们看到父母从容智慧地解决问题时，他们也会学习解决问题的智慧，提升解决问题的能力。孩子们会通过父母负责任的态度学习到责任感。

育儿小技巧

何时训斥？何时共情？

父母也不能永远都与孩子共情，尤其是当孩子伤害了他人时，一味地理解孩子可能不会认识到后果的严重性，导致孩子今后再次伤害他人。所以，我们需要有何时训斥、何时共情的标准，这取决于父母了解事件的时间、何人受到伤害等因素。例如，如果妈妈看到姜宇向同学扔石头，就应该当场训斥他。也就是说在孩子发生错误行为的一瞬间，受伤害的人是同学时，应该采取训斥的方式。

训斥的目的并不是教训孩子，而是为了立刻终止正在发生的错误行为，同时是为了帮助孩子客观地认识自己的错误行为。但是姜宇的情况是，事情已经发生了，姜宇自己也经历了他人负面的评价和自己内心的恐惧。爸爸妈妈与姜宇对话时，姜宇的内心已经充满了担忧和不安。回到家后，心里受到伤害的人正是姜宇。

妈妈们都知道训育、称赞、惩罚、共情等多种教育孩子的方法。但更重要的是，知道何时、如何选择，才会有更佳的效果。如果姜宇爸爸训斥姜宇后，妈妈没有再去和姜宇沟通，那么姜宇内心可能会受到很大的伤害，自己也不知道该怎么做，今后面对问题更加犹豫不决。

指责孩子反而会加重孩子的
防御心理

如何纠正
孩子爱找借口的习惯？ —————————

与孩子一起生活，你是否遇到过这样的情况？

妈妈： 该睡觉了，快点躺下。

孩子： 等一下，我想喝水。

妈妈： 喝完了，快躺下。

孩子： 等一下，我要嘘嘘！

——

妈妈： 刚才怎么不向长辈问好？

孩子: 我本想打招呼的，可她直接走掉了。

——

妈妈: （孩子把饼干掉到了地上）把袋子拿好!

孩子: 都怪妈妈没抓住，因为妈妈我才掉的。妈妈再去买点回来。

——

老师: （看到锡镇欺负同学）锡镇! 到这边来。

锡镇: 他先不对的，他先盯着我看。

孩子开始找借口，意味着孩子认识到了自己的错误，感受到了害羞或羞愧的情绪，但孩子找借口并不是为了欺骗他人。由于孩子的认知能力还没有成人那么成熟，所以他们不能认识到自己找借口的行为是错误的。在认知能力及调节负面情绪的能力不成熟的情况下，孩子为了能瞬间解决问题而找了借口。所以，孩子在成长过程中出现找借口的情况时，不要一味地批评孩子。

从心理学上来看，找借口是一种心理防御机制，是为了保护自己免受伤害。

孩子常用的三种防御机制

孩子常常使用三种防御机制。第一种是否定现实，即不承认当前遭遇的困难；第二种是自我合理化，找借口来说明自己的错误行为的合理性；第三种是投射，即将自己的错误投射到他人身上。

防御机制对理解人类的行为具有重要意义。例如，孩子在游戏时偷偷犯规，他却说"我没有"，这是孩子希望逃避他人的指责和避免承担责任。

再看自我合理化，晚上不想睡觉的孩子对妈妈说"想喝水""想嘘嘘"，这是通过找借口避免自己不想做的事；孩子见了长辈应该问好，当妈妈问"为什么不问好"时，孩子说"本来想打招呼的，可是她直接走掉了"，这也是同样的原因。孩子强调目前发生的情况并不是由于自己的错误，而是以社会能够接受的借口进行自我防御。

最后看投射。孩子打了朋友后说"都是因为你，你先盯着我看的"，把责任推给对方；另一个孩子掉了饼干，却说是妈妈的错，"都怪妈妈没抓住"，将责任推到妈妈身上。这样的投射包含了心中的埋怨，同时将错误转嫁给他人，还会对他人造成伤害，因此这是最应该警惕的防御方式。

孩子投射时，往往认为妈妈应该能够应付自己身边的所有情况，但事实并非如此，所以心中埋怨妈妈，同时还伴生着对妈妈强烈的心理依赖。如果孩子经常使用投射的方式，妈妈就应该多多留心，给予孩子适当的帮助。

草草掩饰错误会加重找借口的习惯

5 岁的大雄从早晨开始就吵闹着要吃饼干。其实大雄基本每天早晨都会因为要吃饼干和果冻而和妈妈发生矛盾。妈妈不想再和大雄争吵，于是就拿出了饼干给他。大雄边走边撕开饼干袋，这时他没有看到地上的水杯，将水弄洒了出来。

> **妈妈：** 走路时要看地面，光顾着看饼干把水弄洒了吧！
>
> **大雄：** 不怪我，我没有弄洒。
>
> **妈妈：**（自己擦地板上的水）把水洒了还说没有。

有些妈妈并不在意孩子找借口掩饰错误，或者对孩子睁一只眼闭一只眼，认为"孩子长大后就会懂事了""非要指出来，孩子可能会大发脾气"。但如果担心孩子会耍赖，就顺从孩子掩饰错误，或者代替孩子处理错误，这样孩子找借口的习惯就会越来越严重。比如，大雄妈妈就认为："我自己擦地板很快就能做完，何必非要去惹吃饼干吃得正开心的孩子呢？"所以大雄妈妈总是放过孩子的错误，导致孩子反复找借口或耍赖。

妈妈要记住，日常生活中逃避解决与孩子间的小矛盾，不仅会影响事情本身，还有可能导致孩子养成不良的生活习惯或形成错误的生活态度。为了避免同样的事情再次发生，妈妈要对孩子提出明确的规则，引导孩子清楚地认识到目前的情况，并坦诚地承认自己的错误。如果大雄妈妈正确处理这件事并对孩子加以引导，那么大雄今后找借口的次数可能就会逐渐减少。

首先，面对从早晨就吵闹着要吃饼干的大雄，妈妈可以这样说："吃了饼干，也一定要把饭吃完。"

如果孩子同意，那么就尊重他的选择，并引导孩子预想可能出现的后果。"如果现在吃了饼干，吃饭时没有胃口了或者肚子太饱了，导致没吃完饭的话，妈妈以后早晨就再也不让你吃饼干了，明白了吗？"

与孩子约定好后，大雄边走边撕开饼干的包装袋，结果没看到地上的水杯，把水弄洒了。

妈妈： 大雄！没看到把水弄洒了吗？

大雄：（装作不知道，吃饼干）不怪我，我没有弄洒。

妈妈： 如果你不听妈妈的话，妈妈就不给你饼干吃了。
（为了让孩子集中精力听妈妈说话，改变态度，再次尝试沟通）妈妈刚才在厨房里，现在水杯翻了，不是你，水是怎么洒出来的呢？

大雄： 不，不是我，杯子自己翻了。

妈妈： 我知道不是大雄故意打翻的。但是水溅到谁的脚上了？

大雄： 我的脚上。

妈妈： 对啊，犯错误不要紧，但是自己做错事之后不承认是不对的。把水擦干再吃饼干。

让孩子相信自己可以得到原谅

一般来说，当孩子试图掩盖错误蒙混过关时，妈妈会突然生气，也很容易责备孩子。但如果妈妈情绪激动地指责孩子，那就对孩子没有任何帮助了。即使有想对孩子说的话，也要首先倾听孩子的想法。因为无论年龄大小，当自身的人格、权利或安全遭受侵犯时，或是被揭开过去的伤疤时，本能的反击都会优先于理性的判断。妈妈情绪激动地指责只会刺激孩子采取反击的态度，对解决问题没有帮助。

为了让孩子认识到自己的错误，有时妈妈会一一指出孩子的错误，但这样的方式也是不可取的。让孩子自己陈述错误对孩子而言更有意义。这样孩子可以准确地理解当前的情况，在某种程度上可以帮助孩子纠正认知上的错误。

比如，"发生了什么事？""看看朋友的表情，朋友为什么会满脸写着伤心呢？"这些问题可以引导孩子准确地理解情况，洞察受伤一方的表情。

当孩子不想主动坦白时，妈妈要让孩子知道自己已经了解了事情的全部经过，以斩钉截铁的坚定态度等待孩子自己主动坦白。如果妈妈揭穿了孩子的错误，孩子对此表现出愤怒，那么妈妈就需要等到孩子情绪平静下来以后再尝试沟通。

最重要的是，为了帮助孩子纠正找借口的行为，让孩子成长为一个正直的人，平时妈妈也要勇于承认自己的错误，请求孩子原谅，为孩子做出正确的榜样。除此之外，有些妈妈不容许孩子有一点小错误，使家庭的气氛十分压抑，这也是不可取的。要记住，在惩罚孩子的错误时，如果惩罚过于严重（如体罚），就可能会给孩子带来无法承受的痛苦，孩子今后为逃避惩罚而找借口的行为只会愈演愈烈。

养育孩子的过程是将不成熟的孩子培养为成熟的人。成长中的孩子都会不断犯错误或面临失败，要让孩子相信诚实地说出错误也能得到原谅，这样孩子找借口的次数就会越来越少。

拿孩子做比较，
父母会自食恶果

平时乖巧的孩子
为什么突然讨厌妈妈了？——————

　　有一个方法，可以让心态平和的人在一瞬间感到忧郁和不幸，那就是比较。"我朋友婆家给她买了漂亮的公寓，她现在过得很好""我弟弟英语很好，爸妈还送他出国留学""她丈夫年薪特别高，所以她总是去旅行""她好漂亮，无论在哪都很受欢迎"等，比较让人觉得自己软弱无力、平庸而没有价值。

　　一句比较，可能会毁掉一天的心情，也可能毁掉珍贵的友情。我们身边常常有很多人习惯性地去做比较，最终毁掉了人生。这是因为，比较中有强大的负能量。

事实上，如果要进行比较，就必须保证出发点相同，并采取同样的标准。例如，比较谁跑步更快，两个人必须从同一起跑线上同时出发才可以。从这个意义上来说，我们无法比较谁更幸福，因为每个人的价值和标准都不尽相同，从而根本无法进行比较。有人更关心健康，有人更在意家庭，有人更崇尚财富，这导致每个人关于幸福的价值观和幸福指数都是不同的。

世界 70 亿人口中没有相同的两个人。每个人都是独一无二的，因此每个人都是珍贵的，无法比较的。如果与艺人比较颜值，与朋友比较财富，与同时入职的同事比较晋升快慢，像这样在不同的领域与不同的人比较的话，就只会为自己带来不快。

特别是对成长中的孩子而言，比较毫无意义。孩子们的发育速度都是不同的，每个孩子所特有的气质也是不同的，每个孩子的经历也不相同。孩子的兴趣、家庭环境都会使孩子在成长发育上表现出差异性。对在一定程度上趋于稳定的成人而言，比较都是没有任何意义的，更何况是孩子呢！

尽管如此，很多妈妈还是喜欢拿孩子进行比较，比较的内容也多种多样。"你的朋友们在幼儿园都可以好好吃饭""其他孩子都不打架，和别人玩得很好""我去参观了你们上课，看别人注意力都很集中，回答问题表现得也很好""你那个同班同学多会说话"等，进行比较的瞬间，妈妈和孩子的关系正在被悄悄地破坏。

这时，平时乖巧可爱的孩子就会开始叹气，而且讨厌妈妈了。如果比较的对象是孩子的兄弟姐妹，那么影响就更加严重，这样孩子不仅会讨厌父母，连自己的兄弟姐妹也会讨厌。孩子会因此郁郁寡欢或是突然暴怒，这会对孩子的自尊心造成极大的伤害。

比较无助于孩子的成长

有一对姐弟，姐姐诗雅今年 8 岁了，弟弟诗后比姐姐小一岁。7 岁的弟弟个性温和，比较擅长察言观色，常常能够迅速了解妈妈的心情，并根据情况做出适当的行为。但是 8 岁的姐姐则比较挑剔，常常以自我为中心。而这对姐弟的妈妈平时注重规矩，注重干净卫生，有些完美主义，所以妈妈常常与诗雅发生矛盾。

妈妈： 橡皮泥要翻过来放，不然就会变得硬邦邦的，

以后就不能用了。你看弟弟就翻过来了，他的
橡皮泥就很软和，还可以再用一次。

诗雅： 刚才诗后也没有翻过来！（怒视妈妈）

妈妈： 妈妈一直在看，诗后翻过来了。还有妈妈是不
是说了让你和诗后一样，用多少取多少？你现
在这样怎么办呢？自己用不完，还全混在一起
了，以后别人也没法用了。

在比较时，妈妈的潜台词是："我不喜欢你，我对你不
满意，为什么你只能做到这个程度？"面对不认可自己的
妈妈，孩子感到不被信任，心中的愤怒不断累积。虽然妈
妈的初衷是让孩子做得更好，但比较的方式对解决问题没
有任何帮助。当一个人被拿来做比较时，往往会情绪冲动，
而非客观地寻找问题的根源。被比较的人更会自然而然地
采取自我防御的姿态，在问题之外寻找借口。

上面的例子就是这样。妈妈本希望姐姐诗雅可以做得
更好，但是在妈妈进行比较的那一瞬间，诗雅就毫不关心
弟弟是否将橡皮泥翻过来了。所以，诗雅强调了弟弟的错
误，而不是思考自己的问题。

孩子现在还小，怒视妈妈可能这件事就过去了。但是
如果以后妈妈继续拿诗雅与弟弟做比较的话，诗雅就可能

会因为嫉妒而累积更多的愤怒。当孩子渐渐长大，可能会
出现以下想法：

"朋友们都不去上课外班，那我为什么要去？"

"朋友们都有智能手机了，为什么不给我买？"

"我妈妈不像别人妈妈那么温暖，我多么孤单啊！"

"谁能像他的爸妈一样送我去留学？"

"想结婚的话，得有钱买房子啊。你会像别人一样给
我买房的钱吗？"

如果现在妈妈依然不停地比较，过不了多久，孩子可
能就会做出同样的比较了。妈妈用心抚养孩子长大，反而
听到孩子不停地埋怨自己，妈妈该有多伤心呢？做比较很
容易，但比较带来的创伤难以愈合。请妈妈们回忆一下自
己是不是曾将孩子与其他孩子比较。比较前，请思考一下
这些话对孩子而言是否有意义。

不要责备孩子
不懂事

如何才能让孩子
体会妈妈的辛劳？

你还记得当妈妈之前，满怀期待地等待与孩子相遇的那些日子吗？相信当时你一定下过决心，将来要和孩子一起欢笑，要对孩子温柔相待，要为了孩子竭尽全力，要用温暖的大手握紧孩子的小手，要让孩子无论发生什么都可以信赖妈妈，要每天带着温暖的微笑等待孩子回家，要在孩子疲惫时给予安慰，要在任何情况下都站在孩子一边……

未来要成为怎样的妈妈，或许这正是每位妈妈小时候对自己妈妈的期待。但是要想成为完美的妈妈绝非易事。有些妈妈认为只要真心爱护孩子，竭尽全力，就能当一名好妈妈。但养育孩子的过程往往和想象中的不一样。

例如，妈妈精心制作了美味的食物，但孩子不肯乖乖吃饭；妈妈赶时间时，孩子却丝毫不着急，甚至还耍起了赖；为了学习，给孩子看了一下手机，结果孩子之后手机就再也不离手了；听说孩子 36 个月大之前，妈妈的陪伴对孩子发育有好处，所以即使再累，妈妈也坚强地独自承担抚养孩子的重任，但是没想到孩子成了没有妈妈什么都不做的黏人精；没有要求孩子学习多么优秀，只是让孩子完成作业，但每次做作业都仿佛一场战争……这时，妈妈们真的不知道该如何是好，心中伤心难过。妈妈会觉得好像只有自己遇到了这些情况，似乎是自己做错了什么，不知道正确的教育方法，心中感到更加担忧。

在当妈妈之前，你是否曾想到自己会对孩子说这样的话："不想吃就别吃了""随便吧，以后我也不理你了""这是你的人生，还是我的人生？""我真的过不下去了"……如果孩子能稍微体谅妈妈的心情，配合一下妈妈就好了，特别是孩子磨磨蹭蹭时会让妈妈很上火。

有些妈妈认为："妈妈也是人，不到万不得已也不会这样。"但是，在这里我想说"没关系。""妈妈都会这样。""妈妈小时候也听见自己的妈妈抱怨，但也健康地长大了。"……这些肤浅的安慰并没有实际的帮助。

孩子虽然不会与妈妈亦步亦趋，但不会忘记妈妈的恩惠

"妈妈不到万不得已也不会这样"的说法也是一种自我合理化。我们理想中的妈妈，并不是这种用自我合理化来保护自己的妈妈。理想中的妈妈，是"尽管如此"，依然愿意承受委屈、愿意为孩子牺牲的妈妈。

有一次，我在电视纪录片中看到一位 75 岁的妈妈照顾 150 千克重的 50 岁儿子的日常生活，我深受感动。另一位妈妈为了送患有小儿麻痹症的儿子上大学，每天推着轮椅坐在教室最后面陪伴儿子一起听课，我也为此流下了眼泪。这正是我们心目中妈妈的形象。正如常常有人赞颂妈妈的伟大，"妈妈太伟大了，妈妈无所不能"。

说到"牺牲"，在日常生活中可能仅仅是根据孩子的时间给孩子准备饭、送孩子去学校或幼儿园、给孩子读书等，这个词可能太过于夸张。与其说这是妈妈的"牺牲"，倒不如说这是妈妈扮演的"角色"。生活中我们并不会为一个人

尽到自己的职责而感动，但如果没能尽到职责，就会招致他人的非议。

　　要想尽到妈妈的职责，最基本的就是不要说伤害孩子的话。如果还想做得更好，那就需要妈妈克服困难，再多付出一些努力了。如果不清楚该怎样做，可以找书看。如果还想了解更多，就多听一些讲座。如果忘记孩子生气时该怎样说话，那就将一些中意的句子誊写在显眼的地方，经常进行阅读。孩子与妈妈的生活是密不可分的，孩子知道如果自己闯祸了会让妈妈伤心，但即使伤心，妈妈依然不会放弃自己，那么孩子是绝对忘不掉妈妈对自己的恩惠的。

发掘问题背后的原因

　　每个人都不一样，外貌、想法、感觉、语言、气质、性格、语气都不一样，甚至即使在同样的情境中，情感也不相同。虽然孩子是妈妈身上掉下的肉，但孩子也是独立的人。想与其他的人建立良好的关系，就必须不断地努力。

　　不断地努力是指持之以恒，而非艰苦地努力，事实上妈妈只要不断地了解孩子即可。孩子有时不懂事，其背后必然有原因。无论是孩子突然大发雷霆，还是不听妈妈的话，背后都是有原因的。"你想起什么了？你有什么感觉？是什么最让你感到难受？你现在想买什么？你希望妈妈怎么做？"妈妈要通过这些提问深入了解孩子的想法、感情和心灵。绝对不能强求孩子接受妈妈的想法，或者轻率地臆测孩子的内心世界。

其实，我们在不知不觉中常常忽略孩子的想法，而根据我们自己的臆测或期待强行让孩子接受。例如，妈妈好不容易抽出时间带孩子去动物园看大象、狮子和长颈鹿，但孩子只看着地面抓瓢虫。妈妈对孩子说："看，那里的长颈鹿在吃树叶呢，快来看。虫子家门口也有。"然后，妈妈突然抱起孩子去看长颈鹿。再如妈妈希望孩子从学校回到家后做完作业再玩，但今天孩子放下书包后，在电视机前一动不动地看了3个小时。这时，很少有妈妈会耐心询问孩子的情况，对孩子说："在学校上课很累吧？是不是今天有什么更累的事情？看起来你好像需要更长时间来放松，跟妈妈讲一讲发生了什么事情吧。"

了解孩子需要建立在对孩子的信任之上。想要了解孩子，还要求妈妈必须集中精力，仔细观察孩子当下的情感和态度。因此，只要妈妈努力了解孩子，那么任何问题都能朝着有效解决的方向发展。

你是否正在担心孩子不适应学校、不听妈妈的话、总是闹脾气、什么事都不想做、不喜欢学习、只顾着玩游戏等？那么，从现在开始努力了解孩子的内心吧！只有妈妈努力想要真正了解孩子的内心，才能够和孩子建立良好的关系。

手机问题需要
全家人一同解决

孩子想要手机
该怎么办？

在韩国，几乎所有妈妈都无法避免手机带来的烦恼。2019 年韩国媒体调查结果显示，在韩国的青少年人群中，初中生的智能手机持有率最高，达到 95.9%，高中生的持有率为 95.2%，小学高年级的持有率为 81.2%，小学低年级的持有率为 37.8%。这说明韩国绝大部分初高中生都拥有手机，他们使用手机欣赏音乐，培养兴趣爱好，与朋友进行日常交流等。

在这种情况下，妈妈很难找到不买手机的理由，并让孩子信服。事实上，妈妈很难坚持自己的想法和原则。10年前，可能很多妈妈会认为"小学生用什么手机啊"，但是现在妈妈则认为应该给孩子买手机，但是苦恼于从几岁开始。所以在各种网站和论坛中可以看到很多妈妈们的提问，比如"孩子几岁时可以买手机""给孩子买儿童手机好还是智能手机好"等。

然而，儿童发育及儿童心理专家们认为，与其明确儿童可以拥有手机的具体年龄，倒不如最大限度地推迟孩子使用手机的时间。也就是说，手机给孩子带来的副作用和问题非常严重，如果可能，那么尽量不要让孩子使用手机，以免手机诱发各种问题。

但尽管如此，很多妈妈还是想得到更为具体的答案，所以她们常常向有经验的妈妈们请教手机可能给孩子带来的问题、良好的处理经验、需要注意的事项等。比如，年幼的孩子自控力不足，最好不要买手机；小学以后给孩子买了手机的话，妈妈在家里时就不要让孩子玩；对工作较忙的妈妈来说，给孩子买手机也有好处；很多学校要求家长签署不给孩子买手机的承诺书，所以买不买手机还是要考虑家庭情况、社会文化环境、孩子自控力等多种因素后再决定。

让我们来具体分析一下。如果妈妈上班比较忙，那么给孩子买手机不仅可以随时确认孩子的安全，还可以让妈妈在工作中也能够了解孩子一天的情绪变化。另外，在发生突发情况时，孩子也能够立即和妈妈取得联系，共同商量正确的解决办法。这样看，买手机确实有一定的优点。

另外，确实有部分学校要求家长签署禁止孩子拥有手机的保证书。因此，孩子所属的社会文化环境也是重要的考虑因素。此外，如果平时孩子经常使用父母的手机，从而引发父母与孩子间的矛盾，那么如果孩子拥有了属于自己的手机，矛盾就会变得更大，父母对孩子的约束也愈加困难，所以买手机之前父母务必确认孩子的自控力。

明确给孩子买手机的目的

有时妈妈们的亲身经历及建议比专家的指导更加具体，也更有可行性。如果综合专家的意见和妈妈们的经验来看，从孩子上小学开始就可以考虑给孩子买手机，但是也应考虑到孩子所处的环境。另外，比起什么时候给孩子买手机，妈妈更应该明确给孩子买手机的目的。同时，妈妈还要引导孩子认识到过度使用手机的危害，并告诉孩子手机的正确使用方法。

例如，一位妈妈为了能够确认孩子的安全，从而给孩子买了手机。但是孩子是为了能和朋友们聊天，才请求妈妈买手机的。在这种情况下，妈妈和孩子对使用手机的目的不同，孩子使用手机的方式和内容必然也不会符合妈妈的期待。妈妈希望孩子回家后不要玩手机，但孩子为了和朋友聊天，可能回家后才算是正式地使用手机。

　　另一位妈妈为了在孩子有急事时可以随时联系，给孩子买了手机。但是孩子想要手机的目的是玩游戏，那么孩子在玩游戏时接到妈妈的电话，他可能也不会接电话。因此，妈妈在购买手机前，一定要和孩子一起探讨购买手机的目的，达成一致后，根据目的选择手机型号和内存容量。

　　妈妈与孩子对手机的分歧不仅局限于目的。妈妈虽然觉得孩子拥有手机有一定好处，但更担心手机的危害。而孩子们大都不重视手机的危害，认为拥有手机的优点更多。这一方面妈妈和孩子的观点是不一样的，这种观点的差异会造成行为上的差异，也可能成为矛盾的诱因。

　　因此，妈妈在给孩子买手机前，应不厌其烦地反复告诉孩子手机的危害，如长时间使用手机会对健康产生负面影响。

购买手机前请制定使用规则

给孩子购买手机前，妈妈应该和孩子一起制定使用手机的规则，并要求孩子遵守。但是在制定这些规则时，除了关乎安全的问题外，开始时不应制定过于具体的内容，而是制定大的框架即可。之后通过观察孩子的行为和习惯，再逐渐制定细节的规则。

例如，在行走时，除了接重要的电话以外，绝对不能边走路边玩手机；在手机上下载应用程序时，必须得到妈妈的允许等，这些都与孩子的安全相关，因此从一开始就要求孩子严格遵守。但是其他的事项，比如一天可以玩几个小时手机，写完作业再玩还是写作业前也能玩等，这些细节的规定不必着急制定。如果一开始制定的规则就与孩子产生诸多矛盾，那孩子从一开始就不会遵守规则，规则本身也就变得毫无意义了。

另外，除了制定具体的规则外，更好的方式是每周末举行一次家庭会议，直到孩子形成良好的手机使用习惯。家庭会议上，孩子要进行自我评价，并与家人们一起决定使用手机的时长等，这样做避免了妈妈与孩子之间发生矛盾，而且与家人一起分享问题并共同寻找解决方法，常常会有良好的效果。这样孩子也不会形成"妈妈＝妨碍我使用手机的人"这样错误的认知。

家庭会议不仅可以促进孩子与家人沟通，还可以在家庭会议上给孩子看各种关于手机的报道或资料，从而帮助孩子正确认识手机的危害，这样孩子在没有被训斥的情况下，就可以提升自控能力。另外，还可以以"手机的使用礼仪"为主题举行家庭会议，让孩子主动探究问题并解决问题。由于其中有孩子自己搜集到的资料，孩子也会更加努力地遵守规则。

当然，无论制定出多么正确的规则，如果规则不符合孩子的认知水平，或是父母没有注重理解孩子的内心，那么规则反而会成为父母批评孩子的借口。相比孩子被动地遵守规则，孩子主动、自主地参与规则的制定会更加有效。

如果一定要给孩子买手机的话，那最好是帮助孩子自己明确使用手机的目的，正确认识到手机的危害，并力求制定正确的使用规则，这样才能保护孩子免受手机的危害。

育儿
小技巧

为了使孩子养成正确使用手机的习惯，可以尝试召开家庭会议。

1. 确认家庭成员的日程，确定家庭会议的时间和地点。可以制作家庭会议日志，要求全家人签名确定是否参加，这样孩子参加会议时会更有责任感。

2. 第一次会议可以由妈妈确定会议主题，但从第二次会议开始，会议主题应该在上一次会议中共同探讨确定。

3. 假设第一次会议主题为"手机使用的礼仪"，妈妈需要向所有人介绍主题，让家庭成员在一周内分别查找相关资料。

4. 准备一块小黑板，将所有人的意见记录在上面，孩子看到自己的意见被认真地记录，将会表现出更加真挚的态度。

以下为具体的进行方式。

主持人： 为了使我们全家人可以正确使用手机，现在开始
进行第一次家庭会议。会议的议程包括确认出席
人员、评价本周内手机使用情况、探讨本周的主
题、确定下周会议主题。（主持人可以由家庭成
员轮流主持）首先确认出席人员。

爸爸： 爸爸到。

妈妈： 妈妈到。

孩子： 女儿／儿子到。

主持人： 下面请大家自己评价一下本周手机的使用情况，
并听取其他家人的意见。（轮流评价，听别人的
意见）妈妈提出"不写作业，总是玩手机的话，
会被唠叨"。下面听听爸爸对这个问题的看法，
再听听孩子的看法。下面分析关于本周主题"手
机的使用礼仪"的资料。（各自介绍搜集的资料，
确定家庭规则）

如何进行性教育

如何和孩子
谈性？

　　你知道韩国青少年第一次发生性关系的平均年龄是多少岁吗？ 2018 年，韩国教育部、保健福祉部、疾病管理本部以 6 万名左右青少年为对象进行了问卷调查，结果显示，韩国青少年首次发生性关系的平均年龄为 13.6 岁。 2020 年，"N 号房"事件浮出水面，令全韩国震惊。不法分子以儿童及青少年为对象，非法拍摄其性视频及照片，并在网络上传播。而此案的主犯就是我们身边的普通市民，其共犯都是 18 岁的青少年，这让人震惊。

　　令人担忧的是，现代社会中，通过社交媒体建立的人际关系逐渐超越了线下的人际关系。对现代人来说，社交媒体上的点击量和粉丝数是非常重要的。为了获得更多的点击量和关注，各种各样的性主题视频在社交媒体上大行其道，层出不穷。

现在，无论家里是男孩还是女孩，妈妈们都会苦恼应该从几岁开始进行性教育。目前，包括德国在内的多个欧洲国家已经将性教育视为与生命及人权相关的重要领域，因此从幼儿时期就开始自然地实施性教育。在进行性教育时，特别强调责任感和自我决定权，如果违反这些原则，其行为就会构成严重的犯罪。

与欧洲相比，韩国重视在道德伦理方面的教育，性教育却相对较少。然而，对性的好奇和欲望是人的自然本能，也是实现自我的过程。因此，无论孩子何时开始对性好奇，提出关于性的问题，妈妈都不应该让孩子觉得羞愧或有负罪感。

因此，妈妈应该提前做好准备，这样才能在孩子对性产生好奇或提出关于性的问题时，不至于惊慌失措，不知道如何回答。另外，如果孩子在接受正确的性教育之前，看到了视频中较为暴露的内容，就有可能会产生歪曲的性观念。因此，妈妈应该事先帮助孩子树立正确的性价值观。

自然地谈性

　　和孩子谈性时最重要的是自然。妈妈没有必要向孩子过多或过早地介绍关于性的事情。进行性教育之前，妈妈首先要做的就是注意观察孩子对性的好奇心及孩子性观念的发展变化。在孩子不同的发育阶段，性教育的内容和方法应该有所不同。孩子并不是随时都想和妈妈分享任何话题，同样，在性问题上，最重要的是等待孩子向妈妈询问或请求帮助。

　　从婴幼儿时期进入青春期时，孩子的身体将慢慢发育、变化。这种身体的变化对孩子来说是非常陌生的。孩子身体和情感的发育程度不同，对性的好奇心和关注度也会有所不同，这是理所当然的事情。因此，性教育应依据孩子的发育阶段，细水长流，逐步进行。

自 3 岁起，
妈妈可以在孩子玩耍中进行性教育

　　我们来按年龄段具体介绍一下如何进行性教育。随着孩子对性别的认识和区分越来越明显，男孩与女孩喜欢的衣服、游戏逐渐开始分化，这将发生在孩子 3 岁左右。因此可以认为，在孩子满 3 岁后，妈妈才有可能对孩子进行性教育。

3 岁到小学入学前的幼儿时期，是孩子产生性别观念和探索自身身体的时期。从排便训练结束之后，妈妈就可以教育孩子男女要分开使用卫生间，同时幼儿园的课程和项目也会教给孩子关于性的知识，比如男女身体结构不同，再如每个人的身体都很宝贵，所以不可以随意看别人身体，也不可以把自己的身体随便给别人看等。在这一时期，孩子总是充满好奇心，而内心中没有羞耻的观念，因此妈妈可以通过孩子容易理解的童话或漫画等形式，对孩子进行简单的性教育。

这个时期的性教育，主要是不能过度玩弄性器官或进行自慰、不能随意看别人的身体、不能要求看异性朋友的身体、不能给别人看自己的身体等。但是这个时期的性问题与之后不同，这一阶段孩子只是单纯地好奇心过强，不懂得控制行为、遵守规则。因此，父母绝不应该站在大人的角度给孩子的行为定性或是严厉批评。

孩子上小学后，要着重了解儿童的特点

从孩子上小学开始，孩子对性的关注就发生质变了。即这一阶段男生会警惕女生，女生会警惕男生，男女之间出现了严重的对立关系。这是因为孩子感受到了性的魅力，而将异性当作警惕的对象。所以这个时期，孩子突然变得不愿意与爸爸或妈妈以及异性的兄弟姐妹发生肢体接触，和异性在一起会感到害羞。

另外在这个时期，虽然大多数孩子都更喜欢和同性建立友情，但是受到身体本能的驱使，也会被有好感的异性吸引。因此从这个时期开始，孩子有可能开始对有魅力的艺人或是人气很高的异性朋友产生特别的情感，并在心中苦恼。

从儿童时期进入青少年时期，男孩将出现勃起，女孩则出现月经。为了不让孩子在初次经历勃起或月经时感到惊慌失措，妈妈有必要告诉孩子这些现象的意义和应对方法。例如，勃起是所有男性都会出现的现象，这证明你身体健康，是没关系的。鼓励孩子的同时，妈妈应该提前告知孩子性器官可能会产生其他物质及其相应的处理方法。

而月经也是健康女性的正常生理反应，每个月都会出

现一次出血和腹部疼痛的症状。妈妈要教给孩子卫生巾的种类和月经的处理方法，以及不处理时可能会发生的事情。提前告诉孩子这些性知识，可以有效避免孩子面对这些问题时惊慌失措，这是有必要的。

告诉孩子有困难时可以向妈妈求助

人类关心性和性关系是很自然的事情。妈妈最好时常与孩子自然地谈及性的问题。妈妈应该告诉孩子，在任何情况下妈妈都会支持孩子的选择，如果孩子有对性的烦恼，可以随时向妈妈求助。

例如，在看电视剧或电影时，常常有关于性价值观、性态度的对话或是在社会上发生的关于性的事件，这时妈妈可以邀请孩子一起观看相关的新闻报道，引导孩子说出自己的想法。但是要注意，性是个人的情感和体验，因此即便是孩子的妈妈，也不应过分地追问孩子关于性的问题，这会侵犯到孩子的隐私。

要记住，父母是孩子性观念形成过程中最重要、最具影响力的榜样。父母要注意对对方、对性保持尊重的态度，不要贬低性，也不要开这方面的玩笑。

育儿
小技巧

幼儿时期的性问题 1：玩弄生殖器

1. 观察孩子常在什么时间、什么情况下触摸生殖器。
2. 经常触摸生殖器可能导致肿胀或细菌感染，因此每当发现孩子触摸生殖器时，妈妈要立刻要求孩子去洗手。
3. 如果孩子常在无聊时出现自慰行为，那么可以让孩子玩其他玩具来转移注意力；如果孩子常在焦虑时出现自慰行为，那么妈妈应该帮助孩子找到焦虑的根源并解决。

幼儿时期的性问题 2：对异性朋友的身体产生好奇

1. 这是一个信号，说明孩子对性产生了好奇心。这时，妈妈就可以思考适当的性教育内容及教育方式了。（如木偶剧、绘本等）
2. 向孩子解释男女分开使用卫生间或浴室的原因，明确告诉孩子不能随意看他人的身体。
3. 如果孩子随意看异性朋友的身体，对异性朋友的心灵造成了伤害，要明确告知孩子并引导孩子向朋友真诚道歉。
4. 如果孩子反复出现此类行为而难以自制，这时就要寻求专家的帮助。

幼儿时期的性问题 3：对怀孕产生疑问

1.   孩子提出问题，往往是出于单纯的好奇心或是受到教
      育等外部环境的影响。因此，妈妈首先要了解孩子提
      问的动机和程度。
2.   可以通过反问孩子："那么你觉得婴儿是怎样诞生的
      呢？"来了解孩子的意图。
3.   针对孩子的答案，妈妈应给予支持及回应。这时要同
      时阐述科学层面以及感情层面的原理。比如，可以说
      "爸爸体内的精子和妈妈体内的卵子见面后相爱了，
      于是小宝宝就诞生了"。

儿童时期的性问题：何时与异性父母分开洗澡？

1.   进入儿童时期，孩子面对异性会保持警惕及感到害
      羞。因此，当孩子进入会害羞的儿童时期时，就要逐
      步让孩子与异性父母分开洗澡了。
2.   即使孩子没有明确说："我以后不跟妈妈 / 爸爸一起洗
      澡了，感觉害羞！"所有孩子进入儿童时期后也会自
      然而然产生这样的想法。所以最好在孩子小学入学前
      后，自然地与父母分开洗澡。

妈妈的说话之道 5　引导孩子学会化解矛盾

➤ 无论妈妈内心多么愤怒，都绝对不能在孩子面前情绪失控。不要忘记，如果妈妈树立了错误的榜样，不仅无助于解决孩子的问题行为，还有可能诱发孩子犯其他错误。

➤ 当孩子和小朋友之间发生矛盾时，妈妈不必给予孩子一个解决矛盾的"标准答案"，更重要的是培养孩子的坚强内心和自立精神。从小开始支持孩子自行判断选择，并引导孩子对自己的行为负责任，这将有利于孩子做自己生活的主人。

➤ 孩子闯了祸，妈妈不要对孩子说："你做错了事，你自己看着办吧！"妈妈要将孩子拉入自己温暖的怀抱，给予他们情绪上的安慰、勇气及希望。孩子们也会从负责任的父母身上学习到责任感。

➤ 找借口是孩子为了避免受到伤害而使用的一种心理上的防御机制。当孩子试图通过找借口掩饰错误时，妈妈情绪化地批评孩子是没有任何意义的，重要的是先听孩子倾诉。

➤ 在性教育的问题上，妈妈应该提前做好准备，这样当孩子对性产生好奇或提出关于性的问题时，妈妈才不至于惊慌失措，并能够从容回答。妈妈应该告诉孩子，在任何情况下妈妈都会支持孩子的选择，如果孩子有关于性的烦恼，随时可以向妈妈求助。

妈妈的语言
可以塑造孩子的心灵

人们常常说："一件事的成败取决于一个人的决心。"我个人很喜欢这句话，并且我认为这句话在一定程度上也是正确的。但是，问题在于，下定决心并不是一件容易的事情。比如有些人担心减肥的效果不佳，因而不敢下定决心去减肥；有人计划每天学习 30 分钟英语，但是害怕学习负担太重，所以总是迟迟不能下定决心。

妈妈们经常强迫孩子们下定决心。例如，孩子头脑聪明，却在学习上十分懒惰，妈妈就会对孩子说："你只要下定决心，就一定能学好。"这句话里蕴含着妈妈内心的焦急和殷切的希望。

人不会平白无故地下定决心。下定决心不仅需要明确自己想要什么，还要有"我能做到"的信念。而且，在成功之前还需要良好的自控能力。因此，在"下定决心"中，包含着自我认知、自信、自控力等心理因素。

"一天玩 3 个小时游戏""一天睡 10 个小时"，类似这样的事情人们可以立刻就下定决心。但妈妈的期望并非这么简单。妈妈们希望孩子们下定的"决心"，是有建设性、有创意、利他主义的"决心"，这其实是另一个问题了。这关乎可以体会他人内心的共情能力及健全的人格。所以说，妈妈期望的实际上是孩子的自尊、共情及正直的人品。

心灵只有健全才会美丽。对孩子而言，只有父母可以塑造孩子的心灵，其中妈妈对孩子的影响力最大。养育孩子的过程表面上是琐碎而反复的日常、频繁的矛盾，平时难以看到成果，每天就像打仗一样，但这个过程中妈妈时刻在塑造着孩子的心灵。

培养孩子健全的心灵是最重要的。如果妈妈疏忽了这一点，使孩子的心灵出现裂痕，其后果的严重性往往会超乎想象。因为扭曲、受伤的心灵会促使孩子们做出难以想象的可怕行为。妈妈们其实没有必要从小教会孩子们过多的科学知识，也没有必要培养孩子流畅的英语发音。即使孩子小时候没有参加过体验式学习或语言学习，这也不会有什么大问题。但是妈妈们一定要培养孩子们健康美丽的心灵，使孩子能像爱惜自己一样尊重别人的心灵。

过去的 20 年里，我一直在从事教育咨询工作，找到妨碍孩子健康成长的因素，与孩子及其父母沟通，帮助孩子健康成长。通过这些经历，我发现若想让孩子形成一颗健全的心灵，必须要将母子的心灵连接在一起。心灵的培养与学习数学不同，不是脑中理解了就能解决问题，而是需要实现妈妈和孩子间心灵相通的沟通。

我通过很多事例亲眼见证，那些在妈妈身边形成健全心灵的孩子，进入社会之后，也会以较高的自尊为基础，经营好自己的人生。心地善良的孩子会更具有理解他人的能力，在身边播撒幸福的种子。

其实心灵相通并不容易，但是妈妈们一定可以做到。因为妈妈是特别的，孩子是妈妈身上掉下的肉，孩子的眼睛、鼻子、嘴巴都来自妈妈，妈妈是世界上最爱孩子的人，了解孩子的内心一定是可以做到的！

妈妈们可以从小事开始，比如经常望着孩子微笑，开心幸福地度过每一天，尝试倾听孩子内心真正的声音，用温暖的话语与孩子交流，做到这些就足够了。

如果作为妈妈还是不知道该如何说话，请将书中出现的事例记在笔记本上，大声朗读 3 遍。因为人说不出来不曾说过的话。把这些话读出来，以后就能自然地说出来了。

现在稍微感觉有点尴尬也没关系。看到如此努力的妈妈，孩子也会努力成为更好的人。记住，妈妈成长时，孩子也会一同成长。我也一直会为各位妈妈加油！

图书在版编目（CIP）数据

当了妈妈后，重新学说话 / (韩) 金恩熙著；蔡毅
远译. — 北京：北京日报出版社，2021.11（2023.3重印）

ISBN 978-7-5477-4035-4

Ⅰ.①当… Ⅱ.①金… ②蔡… Ⅲ.①家庭教育－语
言艺术 Ⅳ.①G78

中国版本图书馆CIP数据核字(2021)第154450号

著作权合同登记 图字：01-2021-6265号

当了妈妈后，重新学说话

责任编辑：秦　姚
作　　者：金恩熙
监　　制：黄　利　万　夏
特约编辑：曹莉丽　鞠媛媛
营销支持：曹莉丽
版权支持：王福娇
装帧设计：紫图装帧
出版发行：北京日报出版社
地　　址：北京市东城区东单三条8-16号东方广场东配楼四层
邮　　编：100005
电　　话：发行部：(010) 65255876
　　　　　总编室：(010) 65252135
印　　刷：艺堂印刷（天津）有限公司
经　　销：各地新华书店
版　　次：2021年11月第1版
　　　　　2023年3月第3次印刷
开　　本：787毫米×1092毫米　1/32
印　　张：8.25
字　　数：120千字
定　　价：49.90元